I0159307

"ධම්මෝ හි වාසෙට්ඨා, සෙට්ඨෝ ජනේතස්මිං
දිට්ඨේ චේව ධම්මේ, අභිසම්පරායේ ච."

වාසෙට්ඨයෙනි, මෙලොවෙහි ත්, පරලොවෙහි ත්
ජනයා අතර ධර්මය ම ශ්‍රේෂ්ඨ වෙයි !

- අග්ගඤ්ඤ සූත්‍රය - භාග්‍යවත් බුදුරජාණන් වහන්සේ

නුවණ වැඩෙන බෝසත් කථා - 38
ජාතක පොත් වහන්සේ

(අවාරිය වර්ගය)

පූජ්‍ය කිරිබත්ගොඩ ඤාණානන්ද ස්වාමීන් වහන්සේ

© සියලුම හිමිකම් ඇවිරිණි.
ISBN : 978-955-687-166-1

ප්‍රථම මුද්‍රණය	:	ශ්‍රී බු.ව. 2562 ඇසළ මස පුන් පොහෝ දින
සම්පාදනය	:	මහමෙව්නාව භාවනා අසපුව
		වඩුවාව, යටිගල්ඔළුව, පොල්ගහවෙල.
		දුර : 037 2244602
		info@mahamevnawa.lk | www.mahamevnawa.lk

පරිගණක අකුරු සැකසුම, පිටකවර නිර්මාණය සහ ප්‍රකාශනය :
මහාමේඝ ප්‍රකාශකයෝ
වඩුවාව, යටිගල්ඔළුව, පොල්ගහවෙල.
දුර : 037 2053300, 076 8255703
mahameghapublishers@gmail.com

නුවණ වැඩෙන
බෝසත් කථා - 38
ජාතක පොත් වහන්සේ
(අවාරිය වර්ගය)

සරල සිංහල පරිවර්තනය

පූජ්‍ය කිරිබත්ගොඩ ඤාණානන්ද
ස්වාමීන් වහන්සේ

මහාමේඝ ප්‍රකාශනයකි

පෙරවදන

ජාතක පොත් වහන්සේ ඔබ කියවලා ඇති. කුඩා අවධියේත්, පාසලේදීත්, සරසවියේත්, පන්සලේ බණ මඩුවේත්, වෙසක් නාඩගමේත් අපි ජාතක කථා රස වින්දෙමු. නමුත් එහි සැබෑ අරුත කුමක් දැයි තේරුම් ගන්නට අප සමත් වූ වගක් නම් නොපෙනේ.

'නුවණ වැඩෙන බෝසත් කථා' නමින් ඒ ජාතක කථා ඔබේම භාෂාවෙන් ඔබට කියවන්නට ලැබෙන්නේ එයින් ඉස්මතු වන අරුතත් සමඟිනි. මෙහි අරුත් දැන එම කථාවත් මතක තබා ගෙන සත්පුරුෂ ගුණධර්ම දියුණු කර ගන්නට මහන්සි ගන්නේ නම් එය ජාතක කථාවෙන් ඔබට ලැබෙන සැබෑම ප්‍රතිඵලයයි.

හැම දෙනාටම තෙරුවන් සරණයි!

මෙයට,

ගෞතම බුදු සසුන තුළ මෙත් සිතින්,

පූජ්‍ය කිරිබත්ගොඩ ඤාණානන්ද ස්වාමීන් වහන්සේ

ශ්‍රී බුද්ධ වර්ෂ 2560 ක් වූ වෙසක් මස 31 දා

මහමෙව්නාව භාවනා අසපුව
වඩුවාව, යටිගල්ඔළුව,
පොල්ගහවෙල.

පටුන

38. අචාරිය වර්ගය

නමෝ තස්ස භගවතෝ අරහතෝ සම්මාසම්බුද්ධස්ස
ඒ භාග්‍යවත් අර්හත් සම්මා සම්බුදුරජාණන් වහන්සේට නමස්කාර වේවා!

01. අචාරිය ජාතකය

අචාරියපිතා නමැති දුෂ්ට තොටියාගේ කතාව

පින්වතුනේ, පින්වත් දරුවනේ,

සමහර මිනිස්සු ඉන්නවා හරිම දුෂ්ටයි. ඔවුන්ට 'මෙයා යහපත්, මෙයා හොඳ කෙනෙක්, මේ වැනි අයට උපකාර කිරීම හොඳයි' කියා නිකමටවත් හිතෙන්නේ නෑ. ඔවුන් නිතරම වාසය කරන්නේ කිපුණු සිතින්. වහා කිපිලා, ආවේගයට පත්වෙලා අන්‍යයන්ට හිංසා කරනවා. තමන්ගේ ආවේගය මැඩපවත්වා ගන්ට හැකියාවක් නෑ. එවැනි අය අතින් හරියට පව් කෙරෙනවා. මෙය එබඳු කතාවක්.

ඒ දිනවල අපගේ භාග්‍යවතුන් වහන්සේ වැඩ වාසය කොට වදාළේ සැවැත් නුවර ජේතවනයේ.

දවසක් එක්තරා භික්ෂූන් වහන්සේ නමක් අපගේ ශාස්තෘන් වහන්සේව බැහැදැක වන්දනාමාන කොට බුද්ධෝපස්ථාන කරගන්ට ඈත පළාතක ඉඳන් සැවැත්නුවරට වැඩියා. අචිරවතී නදිය ළඟට එද්දී සවස් වුණා. තොටුපල ළඟට ඇවිත් බලද්දී ජේන්ට කවුරුත්

නෑ. ඔරුත් නෑ. තවත් විපරම් කරද්දී එක තොටියෙක් ඒ ළඟ හිටියා. ඒ භික්ෂුව තොටියා ළඟට ගොහින් මෙහෙම කිව්වා.

"අනේ... උපාසක... මං ගොඩාක් ඈත ඉඳලා එන්නේ. ටිකාක් හවස් වුණා. අනේ මට එහාපැත්තට යන්ට ඕනෑ. මට පුංචි ඔරු පොඩ්ඩක් දෙනවා ද?"

"පේන්නැද්ද ස්වාමීනී... දැන් එගොඩ යන වෙලාව යැ. දැන් ම යන්ට ඕනෑ නෑ. ඕ... මෙහෙ කොහේ හරි ඉන්ට."

"අනේ උපාසක... මං මෙහෙ කොහේ ඉන්ට ද? ඉන්ට තැනක් නෑ. අනේ මාව එහා පැත්තට ඇරලවන්ට."

එතකොට තොටියාට හොඳටෝම කේන්ති ගියා. තරහින් පුපුර පුපුරා මෙහෙම කිව්වා. "මොන වදයක් ද ශ්‍රමණය... ෂැක්... මේ උන්නාන්සේලාගෙන් හරිම කරදර නොවැ. හ්ම්... එහෙනං නගිනවා මේකට..." කියලා අර භික්ෂුව ඔරුවක නංවා ගත්තා. ඉතාම ඉක්මනින් කෙලින් ම ගඟ හරහට යන්ට තිබ්බා. එහෙම ගියේ නෑ. ඔරුව පහළට ගෙනිච්චා. එහාට මෙහාට පද්ද පද්ද ආයෙමත් එහා පැත්තේ තොටුපලට ආවා. ජලයේ ඔරුව පද්දවද්දී වතුරට උන්වහන්සේගේ සිවුරු පාත්‍රා හොඳටම තෙමුනා. ඉතින් මේ විදිහට උන්වහන්සේව වෙහෙසවලා කලුවර වුණාම තොටුපලින් බැස්සුවා. උන්වහන්සේ අන්ධකාරේ ම ඉතාම අපහසුවෙන් ජේතවනයට වඩිද්දී රෑ බෝ වුණා. එදා භාග්‍යවතුන් වහන්සේට වන්දනා කරන්ටත් බැරි වුණා.

පසුවදා භාග්‍යවතුන් වහන්සේව බැහැදැක වන්දනා

කළ අවස්ථාවේ භාග්‍යවතුන් වහන්සේ මෙසේ වදාළා.

"භික්ෂුව... ඔබ මෙහි ආවේ කොයි වෙලාවෙ ද?"

"අනේ ස්වාමීනී, මං ඊයේ ආවේ."

"මං ඊයේ දැක්කේ නෑ නොවැ."

"ස්වාමීනී... මං ඊයේ එනකොට ටිකාක් සවස් වුනා. අචිරවතියේ එහා පැත්තේ තොටුපළේදී මං තොටියෙකුට කීවා මාව මෙහා පැත්තට ඇරලවන්ට කියලා. එතකොට එයා මාව ඔරුවේ නංවාගෙන පහළට ගියා. ගඟ මැද්දෙ ඔරුව පද්දවලා මගේ පාත්තර, සිවුරුත් හොඳටෝම තෙමුනා. කළුවර වෙනකල් ගඟේ එහාට මෙහාට තියාගෙන හිටලයි මාව මෙගොඩට දැම්මේ. එතකොට හොඳටෝම කළුවර යි. අනේ ඒ නිසයි මට භාග්‍යවතුන් වහන්සේව බැහැදකින්ට බැරි වුනේ."

"හරි... භික්ෂුව... ඔය තොටියා දයාකරුණාවක් නැතිව සැඩ පරුෂව වාසය කළේ මේ ආත්මේ විතරක් නොවේ. කලින් ආත්මෙත් ඔය විදිහ තමා. ඒ ආත්මෙත් ඔය පුද්ගලයා තොටියෙක්. දවසක් ඔය තොටියා නුවණැති සත්පුරුෂයන්ටත් තදබල විදිහට හිංසා කළා."

"අනේ ස්වාමීනී, කලින් ආත්මේ ඒ තොටියා සත්පුරුෂයන්ටත් කළ පීඩා ගැන අපට කියාදෙන සේක්වා!"

එතකොට භාග්‍යවතුන් වහන්සේ මේ අතීත කතාව ගෙනහැර දක්වා වදාළා.

මහණෙනි, ගොඩාක් ඉස්සර කාලෙක බරණැස්පුරේ බ්‍රහ්මදත්ත නමින් රජ්ජුරු කෙනෙක් රාජ්‍ය විචාරමින්

සිටියා. ඔය කාලේ බෝධිසත්වයෝ බ්‍රාහ්මණ පවුලක උපන්නා. තක්සිලා ගොහින් හොඳට ඉගෙන ගත්තාට පස්සේවත් ගිහි ජීවිතේට කැමැත්ත ඇති වුනේ නෑ. හිමාලෙට ගොහින් පැවිදි වුනා. ගොඩාක් කල් හිමාලේ අල ගෙඩි වගේ දේවල් වළඳමින් බණ භාවනා කරගෙන ධ්‍යාන අභිඤ්ඤා සමාපත්ති උපදවාගෙන වාසය කළා.

කලක් ගියාට පස්සේ බෝධිසත්වයන් ලුණු ඇඹුල් සහිත ආහාර වැළඳීම පිණිස පහළට බැස්සා. ක්‍රමයෙන් බරණැසට ආවා. රජ්ජුරුවන්ගේ උයනේ නැවතිලා පසුවදා නගරයට පිඬු සිඟා ගියා. රජ මිදුලෙන් වඩිද්දී තාපසයන්ගේ ඉරියව් දැකපු රජ්ජුරුවෝ ගොඩාක් ප්‍රසන්න වුනා. රජමැදුරට ආරාධනා කොට වඩමවාගෙන දන් පැන් පූජා කළා. දිගටම රාජකීය උද්‍යානයේ වාසය කරන්ට කියලා ආරාධනා කළා. රජ්ජුරුවෝ දිනපතා ගොහින් බෝධිසත්වයන්ව බැහැදැක වන්දනා කොට අවවාද අනුශාසනා ලබාගත්තා. බෝධිසත්වයෝ රජුව සතර අගතියෙන් මුදවා ධාර්මිකව පාලනය ගෙනියන්ට උපදෙස් දුන්නා. විශේෂයෙන් රටක නායකයෙක් වුණාම ඉවසීමෙන්, කරුණාදයාවෙන්, මෛත්‍රියෙන් ධාර්මිකව රජ කරන්ට කියා අවවාද කළා. අවවාද වශයෙන් මේ ගාථාවන් පැවසුවා.

(1)

රජ්ජුරුවෙනි, කිපෙන්ටෙපා කිසිදේකට -
රජ්ජුරුවෙනි, කිපෙන්ටෙපා කිසිදේකට
කෝප වෙලා සිටිනා විට රටවැසියා -
රජු ඔහු හට නොකිපේ නම්
රටවැසියාගෙන් පිදුම් ලබන්නේ -
ඒ කෝප නොවන රජු ම යි

(2)

ගමක වේවා වනයක වේවා -
බෑවුමක හෝ කඳු මුදුනක වේවා
ඒ හැම තැනදී ම මං කරන්නේ -
මේ අනුශාසනාවයි
එනිසා රජ්ජුරුවෙනි -
කිපෙන්ටෙපා කිසි දේකට

ඉතින් රජ්ජුරුවෙනි, රජකෙනෙකුට කේන්ති ගැනීමේ අවාසි ගොඩාක් තියෙනවා. ඔබතුමා දන්නවා ද මං එහෙම කියන්ට කාරණාව. රජ්ජුරුවෙනි, රජවරුන්ගේ වචන කියන්නේ භයානක ආයුධ වගේ මහා බලසම්පන්න දෙයක්. රජවරු කෝපයට පත්වෙලා කටින් පිටවෙන වචන මාත්‍රයෙනුත් බොහෝ ජනයා ජීවිතක්ෂයට පත් වෙන්ට ඉඩ තියෙනවා."

බෝධිසත්වයන්ගේ මේ අනුශාසනාව ඇසූ රජ්ජුරුවෝ ගොඩාක් පැහැදුනා. බෝධිසත්වයෝත් රජ්ජුරුවෝ ආ හැම වෙලාවෙ ම පාහේ ඔය ගාථාවන් කියනවා. එදා රජ්ජුරුවෝ මෙහෙම කිව්වා.

"තාපසින්නාන්ස, මං තමුන්නාන්සේ ඔය කියාපු කාරණාවට සම්පූර්ණයෙන් ම එකඟයි. මං බොහෝම සතුටු වුණා ඔය අනුශාසනාවට. තමුන්නාන්සේට සුවසේ ජීවත්වෙන්ට මං කහවණු ලක්ෂයක ආදායම ඇති ගම්මානයක් පූජා කරනවා."

"රජ්ජුරුවෙනි... අනේ මට මිල මුදලින් පොරෝජනයක් නෑ. මං ඉතිං තාපසයෙක් නොවැ. මං පාඩුවේ මේ විදිහට ම ඉන්නං" කියා බෝධිසත්වයෝ රජ්ජුරුවන්ගේ ගම්වරය ප්‍රතික්ෂේප කළා. එතකොට

රජ්ජුරුවෝ බෝධිසත්වයන්ට කොහේවත් යන්ට නොදී දිගටම රාජ උද්‍යානයේ රඳවාගෙන කුටිසෙනසුන් හදා දීලා දානයෙන් උපස්ථාන කළා. දවසක් බෝධිසත්වයෝ රජ්ජුරුවන්ට නොදන්වා උයන්පල්ලාට මේ කාරණාව කිව්වා.

"දරුව... මට දැන් හිතෙන්නේ මෙහෙ සිටියා ඇති කියලයි. දැන් මට මෙහෙ අපහසුයි. දැන් මෙහෙට ඇවිත් දොළොස් අවුරුද්දක් වුණා නොවැ. මං ටිකක් ඈතට ජනපද චාරිකාවේ ගොහිං එන්නං. රජ්ජුරුවන්ට මං කියන්ට යන්නෙ නෑ. ඔයා කියන්ට පුතේ... තාපසින්නාන්සේ ගියා, ආයේ පස්සේ එන්නං කිව්වා ය කියන්ට."

මෙහෙම කියලා බෝධිසත්වයෝ පිටත් වුනා. ගංගා නම් ගඟෙන් එතෙරට යන්ට හිතාගෙන තොටුපලට ආවා. ඔය තොටුපලේ අවාරියපිතා යන නමින් තොටියෙක් ඉන්නවා. ඔහු ඉතා සැඩපරුෂයි. අඥානයි. යහපත් මනුස්සයන්ව හඳුනාගන්ට බෑ. ගුණවතුන්ව, සත්පුරුෂයින්ව හඳුනාගන්ට බෑ. ඒ විතරක් නෙවි. තමන්ගේ ආදායමවත් හරිගස්සාගන්ට දන්නෑ. ගංගාවෙන් එගොඩ වෙන්ට කවුරු හරි ආවොත් ඉස්සරවෙලා ගඟෙන් එගොඩ කරවනවා. ඊට පස්සේ ගාස්තු ඉල්ලනවා. සමහරු සල්ලි නොදී යනවා. එතකොට මොහු ඒ මිනිස්සුත් එක්ක රණ්ඩුවට පැටලෙනවා. අසභ්‍ය වචනවලින් බණිනවා. ගහනවා. හිරිහැර කරනවා. ඒ නිසා මොහුට හරි ආදායමක්වත් ලැබුණේ නෑ. මෙසේ වදාළ භාග්‍යවතුන් වහන්සේ මේ ගාථාව වදාළා.

(3)

ගංගා නදියේ තොටුපොළේ -
ආචාරියපිතා නමින් තොටියෙක් උන්නා
ගඟෙන් එගොඩ කළාට පස්සෙයි -
ඔහු ජනයාගෙන් ගාස්තු ඉල්ලන්නේ
එනිසා බොහෝ කෝලාහල ඇති වුණා -
ඔහුට ලැබෙන ආදායම නැති වුණා

ඉතින් බෝධිසත්වයෝ අර තොටියා ළඟට ගියා. ගිහින් මෙහෙම කිව්වා. "පින්වත, මාව එගොඩට ඇරලවන්ට ඇහැකි ද?"

"හරි... මං ශ්‍රමණය ඔහේව එගොඩට ගෙනියන්නං. එතකොට මට මොකොවත් ගාස්තුවක් ගෙවනවා ද?"

"ඒක මෙහෙමයි පින්වත, මං ඔබට භෝගසම්පත් දියුණු වෙන්ටත්, යහපත දියුණු වෙන්ටත් ඕනෑ දේ කියාදෙන්නම්."

එතකොට තොටියා 'ඒ කියන්නේ මේ තාපසයා මට මොනා හරි ගාස්තුව හැටියට දෙනවා කියන එක නොවැ' කියලයි තේරුම් ගත්තේ. එහෙම හිතලා තොටියා බෝධිසත්වයන්ව ගංගාවෙන් එතෙර කළා. "ඕං... මං ඔහේව එතෙර කළා. හරි... දැන් මයෙ ගාස්තුව ඕනෑ."

"හොඳයි පින්වත, එහෙනම් අහගන්ටකෝ" කියලා බෝධිසත්වයෝ මේ ගාථාව පැවසුවා.

(4)

පින්වත් දරුව තොටිය -
මෙය හොඳ හැටි අසාගන්ට ඕනෑ

ගඟෙන් එතෙර වෙන්ට කලින් -
ජනයා සිතන්නේ ගාස්තු ගෙවලා යන්ටයි
ගඟෙන් එතෙර වුණාට පසු -
ඔවුන් සිතන්නේ කිසිවක් නොගෙවා යන්ටයි
එනිසා කෙනෙකු ගඟෙන් එගොඩ කරන්ට පෙර -
ගාස්තු ඉල්ලාගන්නට ඕනෑ

බෝධිසත්වයන්ගේ මේ ගාථාව ඇසූ තොටියා මෙහෙම සිතුවා. 'හෝ... මේ පුද්ගලයා තවම මට අවවාද කොරනවා නොවැ. දැන් එහෙනම් අවවාදයෙන් පස්සේ මට මොකොවත් දේවි' කියලා.

ඊට පස්සේ ඔහුට මෙහෙම කිව්වා.

"ඕං... පුත්‍රයා... මං... භෝගසම්පත් දියුණුවට උපකාරී වෙන්ටයි කලිං ගාථාව කීවේ. එහෙනම් දැන් මං කියන්නං යහපත උදාකරගන්නා විදිහ" කියලා මේ ගාථාව පැවසුවා.

(5)

ගමක වේවා වනයක වේවා -
බෑවුමක හෝ කඳුමුදුනක වේවා
ඒ හැම තැනදී ම මං කරන්නේ -
මේ අනුශාසනාවයි
එනිසා තොටිය - කිපෙන්ටෙපා කිසිදේකට

ඕං දරුවෝ... මං ඔය ගාථාව කීවේ යහපතත් ධර්මයත් දියුණු කරගන්ටයි හොඳේ." එතකොට තොටියාට හොඳටෝම කේන්ති ගියා. නපුරු බසින් මෙහෙම බණින්ට ගත්තා. "මේ... එම්බල ශ්‍රමණය, මට තමුසෙගේ අවවාදවලින් වැඩක් නෑ. තමුසේ මට ඔරු

ශාස්තුව හැටියට දුන්නාය කියන්නේ ඔය අවවාදය ද?"

"එසේය... පින්වත."

"නෑ... නෑ... මට ඕවායින් වැඩක් නෑ ඕයි. මට ඕනෑ ඔරු ශාස්තුව!"

"අනේ පින්වත, මං තාපසයෙක්. මට ඔය කියාපු අවවාද හැර දෙන්ට වෙනිං මොකෝවත් ම මයෙ ළඟ නෑ."

"හෑ... මොකෝවත් ම නෑ. එහෙනම් මොකටද මිනිහෝ තෝ මයෙ ඔරුවට ගොඩ වුනේ?" කියලා තොටියා පැනපු ගමන් බෝධිසත්වයන්ව ගං ඉවුරේ ම බිම පෙරලා ගත්තා. බෝධිසත්වයන්ව උඩුබැලියෙන් පෙරලාගෙන දණහිසින් පපුව තද කරගෙන බෝධිසත්වයන්ගේ මුහුණට ගහගෙන ගහගෙන ගියා.

බලන්ට මහණෙනි වෙනස. තාපසයෝ යම් අවවාදයක් රජ්ජුරුවන්ට කරලා කහවණු ලක්ෂයක ආදායමක් ඇති ගම්වරයක් තෑගි හැටියට ලැබුවා ද, අන්ධබාල අසත්පුරුෂ තොටියෙකුට ඒ අවවාදය ම කරලා ඔහුගෙන් හොඳට මූණ පොඩිවෙන්ට ගුටි කෑවා. එනිසා මහණෙනි, අවවාදයක් කරන්ට ඕනෑ එයට සුදුසු ගුණයක් ඇති ජනයාට විතරයි. ගුණධර්ම නැති ජනයාට අවවාදවලින් වැඩක් නෑ" කියා භාග්‍යවතුන් වහන්සේ මේ ගාථාව වදාළා.

(6). යම් අනුශාසනයක් -
රජතුමාට කළේ ද ඒ තවුසා
එයින් ලැබුණි ඔහු හට රජුගෙන් -
ආදායම් ලැබෙන ගම්වරයක්

ඒ අනුශාසනාව ම යි -
ඒ තවුසා තොටියාටත් කළේ
එනිසා ඒ තොටියා -
තවුසාගේ මුහුණට පහර දුන්නා

එදා මහණෙනි, ඒ වෙලාවේ තොටියාගේ ගර්භනී බිරිඳ ඔහුට දවල් බත් අරගෙන එන වෙලාවයි. ඇය මේ තවුසාව හොඳින් හඳුනනවා. ඈ කෑ ගසාගෙන ආවා. "හානේ... ස්වාමී... මොනාද මේ ඔයා කරන්නේ? ඔය තාපසින්නාන්සේට ගහන්ට එපා. ඔය තාපසින්නාන්සේ අපගේ රජ්ජුරුවන්ගේ කුලුපග තවුසා නොවැ."

එතකොට තොටියා දෑස් ලොකු කරගෙන දත්කූරු කාගෙන නැගිට්ටා. "හහ්... තී... තී... කවුද... මට කියන්ට මේ තක්කඩි තාපසයාට ගහන්ට එපා ය කියලා" කියමින් තොටියා පැනපු ගමන් තමුන්ගේ ම බිරිඳට වැටෙන්ට ගැහැව්වා. බත් ගෙනා මැටි බඳුන බිම වැටී බිඳී බත් පොළොවේ විසිරුණා. ඒ මොහොතේ ම මව්කුසෙන් දරුවා බිමට විසිවුණා. එතකොට එතනට මිනිස්සු දුවගෙන ආවා. "අයියෝ... මේ මිනිහා මිනීමරුවෙක්" කියලා අල්ලා දෑත් පිටිපසට කොට බැඳලා රජ්ජුරුවෝ ළඟට ගෙන ගියා. නඩුව විමසූ රජ්ජුරුවෝ ඔහුට දඬුවම් පැමිණෙව්වා." මෙය වදාළ භාග්‍යවතුන් වහන්සේ මේ ගාථාව වදාළා.

(7)

තමන්ට බත් ගෙනාපු මැටි බඳුනත් වැනසුවා -
සිය බිරිඳත් මරලා දැම්මා
බිරිඳගේ කුස හුන් දරුවත් බිම වැටී මළා -
ඔහුගෙ හැම දෙයක් ම නැති වුණා

අසත්පුරුෂයාට උතුම් ඔවදන්වල -
කිසිම පලක් නැත්තේ
රන් රිදී මැණික් පිරුණු බිමක් -
පාගා යන සතෙක් වගෙයි

මෙය වදාළ භාග්‍යවතුන් වහන්සේ උතුම් චතුරාර්ය සත්‍ය ධර්මය වදාළා. ඒ ධර්ම දේශනාවේ අවසානයේ ඒ භික්ෂුව සෝවාන් ඵලයට පත් වුණා.

"මහණෙනි, එදා තොටියාව සිටි පුද්ගලයා ම තමයි මෙදාත් ඔය තොටියා වෙලා ඉන්නේ. එදා රජ්ජුරුවෝ වෙලා සිටියේ අපගේ ආනන්දයෝ. තාපසයාව සිටියේ මම" යි කියා භාග්‍යවතුන් වහන්සේ මේ ජාතකය නිමවා වදාළා.

02. සේතකේතු ජාතකය

නැති ගුණ පෙන්වන්ට ගිය බ්‍රාහ්මණයාගේ කතාව

පින්වතුනේ, පින්වත් දරුවනේ,

ඇතැම් අය තමන්ගේ නැති ගුණ හුවා දක්වනවා. නැති දැන උගත්කම් හුවා දක්වනවා. ඒ තුළින් තමන් උජාරුවෙන් වාසය කරන්ට හිතනවා. තමන් තුළ හැබෑවට පිහිටා නැති සංවරකම් පෙන්නා දායකයන්ගේ ප්‍රසාදය දිනාගෙන එයින් යැපෙමින් සිටි කුහක භික්ෂුවක් ගැනයි මේ කතාව.

ඒ දිනවල අපගේ භාග්‍යවතුන් වහන්සේ වැඩ වාසය කොට වදාළේ සැවැත්නුවර ජේතවනයේ. ඔය කාලේ එක්තරා භික්ෂුවක් කුහකකමින් ජීවත් වෙන්න පටන් ගත්තා. භික්ෂූන් වහන්සේලා ඒ භික්ෂුවට එහෙම කරන්ට එපා කියා අවවාද කළා. නමුත් හරි ගියේ නෑ. බැරිම තැන භාග්‍යවතුන් වහන්සේ ළඟට ඒ භික්ෂුව කැඳවාගෙන ගියා. ඒ අවස්ථාවේ භාග්‍යවතුන් වහන්සේ මේ අතීත කතාව ගෙනහැර දක්වා වදාළා.

"මහණෙනි, ගොඩාක් ඉස්සර කාලෙක බරණැස් පුරේ බ්‍රහ්මදත්ත නමින් රජ්ජුරු කෙනෙක් රාජ්‍ය විචාරමින් සිටියා. ඔය කාලේ මහාබෝධිසත්වයෝ

බ්‍රාහ්මණ පවුලක ඉපදිලා තක්සිලා ගොහින් ඉගෙනගෙන ඇවිත් බරණැස දිසාපාමොක් ආචාර්යව වාසය කළා. ඔය දවස්වල දිසාපාමොක් ආචාර්යපාදයන් ළඟ පන්සියයක් මානවකයන් වේදය හදාරමින් සිටියා. ඔවුන් අතර හුන් වැඩිමල් තරුණයාට කියන්නේ ස්වේතකේතු කියලයි. මේ ස්වේතකේතු තමන් උසස් බ්‍රාහ්මණ පවුලක උපන්නාය කියා දැඩි මාන්නයකින්, අහංකාරකමකින්, උඩඟුකමින්, උද්දච්චකමකින් වාසය කළා.

දවසක් ස්වේතකේතු අනිත් තරුණයින් සමග කිසියම් කරුණකට නගරයෙන් පිටතට යමින් සිටියා. එතකොට නගරයට පිවිසෙන එක්තරා තරුණයෙක්ව දැකලා ස්වේතකේතු මෙහෙම ඇහුවා.

"එම්බා තරුණය, තොප මොන ජාතියේ උපන් අයෙක් ද?"

"පින්වත, මං සැඩොලෙක්!"

"චී... නිදකිං... බලාපං තෝ කරන වැඬේ. චික්... ඕං... තොගේ ඇඟේ වැදීගෙන එන හුළං මගේ ඇඟේ වදිනවා. නිදකිං කාලකණ්ණි වසලයා... මැරිලා පල තෝ..." කියලා දුවලා ගිහින් අර සැඩොල් තරුණයාව පසුකොට තමන්ගේ ඇඟේ වදින සුළං සැඩොල් තරුණයාට වදින ලෙසින් හිටගත්තා. එතකොට සැඩොල් තරුණයා දුවගෙන ගිහින් ආයෙමත් තමන්ගේ ඇඟේ වදින සුළං ස්වේතකේතුගේ ඇඟේ වදින විදිහට සිටගත්තා.

ස්වේතකේතු කවදාකවත් හිතුවේ නෑ තමන් කළ වැඬේට සැඩොලෙක් එකට එක කරාවි කියලා. ඒ නිසා අර සැඩොලාට තව තවත් නරක වචනවලින් බණින්ට තියා ගත්තා.

සැඩොල් තරුණයා ස්වේතකේතුගෙන් මෙහෙම ඇහැව්වා. "පින්වත, ඔබ කොයි කුලේ උපන්නෙක් ද?"

"ඇයි යකෝ... තොට පේන්නැද්ද... මං මහා සම්භාවනීය බ්‍රාහ්මණ වංශිකයෙක්."

"හරි... බ්‍රාහ්මණ වේවා, ඒකට කාරියක් නෑ. මං ප්‍රශ්නයක් අහනවා. ඔහේට පුළුවනි ද ඒ ප්‍රශ්නෙට හරි උත්තරේ දෙන්ට? හැබැයි උත්තර දීගන්ට බැරි වුණොත් මං ඔබව මයෙ දෙපා අස්සෙන් යවනවා."

"හරි... සැඩොලෙකුගේ ප්‍රශ්නයකට කාටෙයි උත්තර දෙන්ට බැරි! කියාපං බලන්ට තෝ හිතාන ඉන්න මහා ලොකු ප්‍රශ්න. එහෙනම් වාදෙට වර."

එතකොට සැඩොල් තරුණයා තමන් දැන් අහන ප්‍රශ්නයට මේ බ්‍රාහ්මණයාට උත්තර දීගන්ට බැරි වුණොත් තමන්ගේ දෙපා යටින් යවන්ට ඕනෑ කියන කාරණාවට හැමෝම එකඟ කරවා ගත්තා.

"මානවකය, සිව් දිසාව කියන්නේ මොනවා ද?"

"අයියෝ... ඕකද ප්‍රශ්නෙ...? ඇයි මිනිහෝ දන්නැද්ද? සිව් දිසාව කියන්නේ නැගෙනහිර, දකුණ, බටහිර, උතුර යන දිසාවන් නොවැ."

"නෑ... නෑ... මං අහන්නේ ඔය දිසා හතර නොවෙයි. ජීවිතයකට බලපාන දිසා හතර ගැනයි. මහා ලොකුවට ඔබ මයෙ සිරුරෙ වැදීගෙන එන සුළඟ තමුන්නේ ඇඟේ වැදෙනවා ය කියා ගෝරණාඩු කොළේ ඒකවත් දැනගෙන නොවෙයි" කියලා පැනපු ගමන් ස්වේතකේතුව අල්ලාගෙන කඳ පාත්කොට නවා ඔහුගේ ඇඟ උඩින්

දෙපා දාලා සැඩොලාගේ පා අතරින් යන්ට සැලැස්සුවා. ස්වේතකේතු මහත් සේ ලැජ්ජාවට පත්වුණා. තරුණයෝ ගිහින් දිසාපාමොක් ආචාර්යපාදයන්ට මෙය සැලකළා.

එතකොට දිසාපාමොක් ආචාර්යපාදයෝ ස්වේතකේතු කැඳවා මෙහෙම ඇසුවා. "හැබෑද දරුවෝ... මේ අනිත් තරුණයන් කියන්නේ? තොපට සැඩොලෙකුගේ දෙපා යටින් නැවිලා යන්ට උනාය කියන්නේ?"

"එහෙමයි ආචාර්යපාදයෙනි, ඒ සැඩොල් දාසිපුත්‍රයා මගෙන් සතර දිසාව ගැන අහලා මං දුන්න උත්තරේ වැරදි ය, දිසාවවත් දන්නැත කියලා මාව ඒකාගේ දෙපා අස්සෙන් යැව්වා. මං ඕකාට නිකං ඉන්ට දෙන්නෑ. ඔය කාලකණ්ණියාගෙන් වාඩුව ගන්නවා" කියලා ආයෙමත් සැඩොලාට බණින්ට තියා ගත්තා.

"මේ... ස්වේතකේතු... කෝප වෙලා හරියන්නේ නෑ. ඒ සැඩොල් තරුණයා හරි... ඔහු අසා තියෙන්නේ මේ අපි කවුරුත් බාහිරින් දකින සිව්දිසාව ගැන නොවෙයි. වෙනත් දිසාවන් ගැන ඇසුවේ. ඒ නිසා පුත, තොප මේ ඇසින් දැකපු, කනින් අසපු, දැනගත් දේවලට වඩා ඇසින් නුදුටු, කනින් නොඇසූ, දැන නොගත් තව ගොඩක් දේ ලෝකයේ තියෙන බව තේරුම් ගන්ට ඕනෑ" කියා මේ ගාථාවන් පැවසුවා.

(1)

එපා කිපෙන්නට පුතේ -
කෝප වීම හොඳ දෙයක් නොවේ
ඔබ නොදැක්ක නොඇසූ දේ -
තවත් බොහෝ ලෝකෙ තියෙනවා
දරුවන් හට මුලින් ම හමුවන්නේ මව්පියෝ නිසා -

මව්පියෝ නැගෙනහිර දිසාවයි
පිදුම් ලබන ඊළඟ අය ගුරුවරුන් නිසා -
ගුරුවරු දකුණු දිසාවයි

(2)

ඒ වගේම ස්වේතකේතු ගෙදර ඉන්න අය -
කෑම් බීම් හා රෙදිපිළි
පුදන්ට දන් දීම පිණිස අනිත් අයව කැඳවත් නම් -
ඒ ගිහියෝ තවත් දිසාවකි
යම් දිසාවකට පැමිණ දුගී දිළිඳු ජනයා -
සැපයට පත් වෙත් නම්
ඒ දිසාව උතුම් කියා - පවසනවා නුවණැත්තෝ

මේ දිසාවන් ගැන තවත් සඳහන් වෙනවා.

"නැගෙනහිර දිසාව යනු මව්පියෝ ය -
දකුණු දිසාවේ ගුරුවරු සිටින්නෝ ය
බටහිර දෙස යනු අඹුදරුදැරියෝ ය -
යහළු මිතුරු හැම උතුරු දිසාව ය
යට දිසාව යනු සේවක කම්කරු ය -
මහණ බමුණු යනු උඩ ඇති දිසාව ය
ගිහි ගෙයි වසන අය නොපමා වී සිටිමින් -
මේ සය දිසාවට නිති සැලකිය යුතු වේ"

බෝධිසත්වයෝ තවදුරටත් දිසාවන් ගැන කියා දුන්නා. "ඒ වගේම දරුවෙනි, මේ ලෝක සත්වයා හැමදාකම ගියේ දුක ඇති දිසාවට මිසක් දුක් රහිත අමා නිවන ඇති දිසාවට නොවේ. නිවන් මග කියන්නේ නොගිය දිසාවට යි. ඒ දිසාවේ කවුරුහරි ගමන් කළොත් ඉපදෙන මැරෙන දුකින් එයා නිදහස් වෙනවා. ඒකයි ඒ දිසාවේ යන දුගී අය සැපයට පත්වෙනවා ය කියන්නේ.

කට ළඟට ම පිරී තිබෙන -
තෙල් බඳුනක් හිසේ තබා
තෙල් බිඳුවක් බිම නොදමා -
යන මිනිසා විලසින්නේ
යමෙක් නොමග යන තම සිත -
සුරකියි නම් දහම තුළ ම
තමා මෙතෙක් නොගිය දිසාවේ -
නිවන පතා ඔහු ම ය යන්නේ

දිසාපාමොක් ආචාර්යපාදයෝ මේ විදිහට විස්තර කළාට පස්සේ ස්වේතකේතු ලැජ්ජාවට පත් වුණා. 'අනේ මට සැඩොලෙකුගේ දෙපා යටින් යන්ට වුණා නොවෙදැ'යි කියා බරණැසින් යන්ට ගියා. තක්සිලාවට ගොහින් දිසාපාමොක් ආචාරීන් යටතේ සියලු ශිල්ප ඉගෙනගත්තා. ආචාර්යපාදයන්ගේ අනුමතිය ලබාගෙන අන් අයට ශිල්ප උගන්වමින් තැන් තැන්වල ගියා. එක් කලෙක ඔහු පිටිසර පළාතක ශිල්ප උගන්වමින් සිටින අතරේ ඒ පළාතට ආ පන්සියයක් තාපසවරුන්ව දැකලා ඔවුන් ළඟට ගිහින් පැවිදි වුණා. ඔවුන්ගෙන් තාපස පැවිද්දට අයත් මන්ත්‍ර පූජා විධි ආදිය ඉගෙනගෙන කලක් යද්දී ඒ පිරිසේ ප්‍රධානියා වුණා. දවසක් මොහු තම පිරිවරත් එක්ක බරණැසට ඇවිත් රාජකීය උද්‍යානයේ නවාතැන් ගත්තා. පසුවදා පිඬු සිඟා ගොසින් රජමිදුලටත් ආවා.

රජ්ජුරුවෝ මේ තාපසවරුන්ගේ ඉරියව් දැක පැහැදුනා. තමන්ගේ මාළිගය ඇතුළට කැඳවාගෙන දානයෙන් ඇප උපස්ථාන කරලා තමන්ගේ උයනේ ම දිගටම වසන්ට කිව්වා. දවසක් රජ්ජුරුවෝ තාපසයන්ට දන් පහන් දීලා "මං අද හවසට අපගේ ආර්යයන් වහන්සේලාට වන්දනා කරන්ට එන්නම්කෝ" කියලා කිව්වා.

ඉතින් එදා ස්වේතකේතු තාපසයා උයනට ගොහින් ඔක්කෝම තාපසවරුන්ව රැස් කෙරුවා. මෙහෙම අවවාද කළා. "මිත්‍රවරුනි, අද හවහට මෙහෙ රජ්ජුරුවෝ අපිව බැහැ දකින්ට එනවා කියා මට කීවා. රජ්ජුරුවන්ව එක පාරක් පහදවා ගත්තොත් මුළු ජීවිත කාලෙම සැපසේ වාසය කරන්ට පුළුවනි. එනිසා අද පුළුවන් අය ඔළුවෙන් හිටගෙන වවුල් ව්‍රතය පුරන්ට. තවත් අය උක්කුටියෙන් හිඳගෙන ගිනි තපින්ට. තවත් අය ජලයේ බැහැලා ඉන්ට. තවත් අය මන්ත්‍ර සජ්ඣායනා කරමින් ඉන්ට" කියලා තම පිරිස එක එක තපස්ව්‍රතවල යෙදෙව්වා. තමාත් පිට හේත්තු කරන ලෑල්ල පිටුපසින් තබාගෙන මහ පුටුවේ වාඩි වෙලා, පාට පහකින් යුක්ත විචිත්‍ර වර්ණවත් තවුස් වස්ත්‍රයක් පොරොවාගෙන ප්‍රශ්න අහන්ට හොඳට පුහුණු කළ තරුණ තවුසන් ප්‍රශ්න අසද්දී තමන් ඒ ප්‍රශ්න විසඳ විසඳා සිටියා.

එතකොට ම රජ්ජුරුවෝ සැපත් වුනා. මිථ්‍යා තපස්ක්‍රම කරන තවුස් පිරිස දැකලා ගොඩාක් පැහැදුනා. ස්වේතකේතු ළඟට ඇවිත් වන්දනා කළා. එකත්පස්ව වාඩිවෙලා තමන්ගේ පුරෝහිතයා සමඟ කතා කරමින් මේ ගාථාව පැවසුවා.

(3)

අඳුන් දිවි සම් දරා සිටිනා -
හැඩ පලු ගෙතුනු ජටා මඬුළු බැඳ සිටිනා
මැලියම් බැඳුනු දතින් යුතු වී -
කිළිටි පෙනුමෙන් යුතුව සිටිනා
තාපසවරු මේ නොයෙක් ව්‍රත තිබෙනා -
සිටිති මන්තර මතුරමින්

මිනිසුන් කරන මේ නොයෙක් උපායෙන් -
අපා දුකින් නිදහස් වූවෝ ද මොවුහූ?

රජ්ජුරුවෝ ඇසූ මේ ප්‍රශ්නයට පුරෝහිත බ්‍රාහ්මණයා මේ පිළිතුරු ගාථාව පැවසුවා.

(4)

රජ්ජුරුවෙනි, බොහෝ දැන උගත් පඬිවරු වුණත් -
නොහැසිරෙත් නම් දහමේ
සිත කය වචනයෙන් පව් රැස් කරත් නම් -
දහස් ගණන් වේද මන්ත්‍ර
කිව හැකි වුවත් කට පාඩමින් -
එයින් කිසි පලක් නැත්තේ
සීලාදී ගුණධර්ම නැතිනම් -
අපා දුකින් නිදහස් නෑ ම යි ඔවුන්

පුරෝහිත බ්‍රාහ්මණයා මේ කියූ දෙය නම් ඇත්තක් ය කියා රජ්ජුරුවන්ට සිතුණා. රජ්ජුරුවන්ට මිථ්‍යා තවුස්දම් පුරන තාපසයන් ගැන තියෙන පැහැදීම නැතිව ගියා. එතකොට ස්වේතකේතු තාපසයා මෙහෙම කල්පනා කළා. 'ෂී... නිදකිං... මේ පුරෝහිතයා වැඩේ කෑවා. තාපසවරු ගැන රජ්ජුරුවෝ අපූරුවට පැහැදිලා උන්නේ. කොහෙද... මේකා වැයෙන් සැහැලා දමන්නැහේ ඒ පැහැදීම වනසා දැම්මා නොවැ. නෑ... මුන්දෑ එක්ක දැන් මං කතා කරන්ට වටිනවා' කියා සිතා මේ ගාථාව පැවසුවා.

(5)

දහස් ගණන් වේදමන්ත්‍ර කිව හැකි මුත් කට පාඩමින් -
සිල් සමවත් නොපුරන විට
අපා දුකින් නොමිදෙන බව - ඇත්තක් තමයි

වේදය දැනගත් පමණින් - එයින් පලක් නෑ තමයි
ඉඳුරන් සංවරයෙන් යුතු සිල් සමවත් පිරීම නම් -
ඇත්තක් ම යි

ස්වේතකේතුගේ මේ ගාථාව ඇසූ පුරෝහිත බ්‍රාහ්මණයා මේ පිළිතුරු ගාථාව පැවසුවා.

(6)

වේදය දැන කියා ගැනුම -
නිෂ්ඵල නෑ පලක් තියෙනවා
ඉඳුරන් සංවරයෙන් යුතු සිල්සමවත් පිරීම නම් -
උතුම් දෙයක් ම යි
දැන් වේදය උගත් නිසා ලැබෙනවා නොවැ -
ලාභලෝබ හරි අගේට
දහමේ හැසිරීමෙන් ම යි - සිල් සමවත් ලැබගන්නේ

මෙහෙම කියලා ස්වේතකේතුගේ අදහස ඛණ්ඩනය කළ පුරෝහිත බ්‍රාහ්මණයා ඒ සියලු දෙනාව ම ගිහි කෙරෙව්වා. කඩු පලිහ අතට දීලා හොඳට පුහුණු කරවා රජ්ජුරුවන්ට උපස්ථානයට දැම්මා. එයාලගෙන් තමයි මහන්තකාරක කියන වංශ පරම්පරාව පටන්ගත්තේ.

මහණෙනි, එදා ස්වේතකේතු වෙලා සිටියේ ඔය කුහක භික්ෂුව යි. චණ්ඩාල පුත්‍රයා වෙලා සිටියේ අපගේ සාරිපුත්තයෝ. දිසාපාමොක් ආචාර්යව සිට පසුව රජ්ජුරුවන්ගේ පුරෝහිතව සිටියේ මම” යි කියා භාග්‍යවතුන් වහන්සේ මේ ජාතකය නිමවා වදාළා.

03. දරීමුඛ ජාතකය
දරීමුඛ නමැති පසේබුදුන්ගේ කතාව

පින්වතුනේ, පින්වත් දරුවනේ,

අපගේ භාග්‍යවතුන් වහන්සේ ගිහි ජීවිතය අත්හැර විමුක්තිය සොයා යෑම කළේ කල්ප අසංඛෙය්‍ය ගණන් සංසාරේ කළ පුරුද්දක් ඇතිව යි. මේ කතාවෙන් කියැවෙන්නේ අප භාග්‍යවතුන් වහන්සේ පෙර ආත්මයේ කළ අභිනික්මනක් ගැනයි.

ඒ දිනවල අපගේ භාග්‍යවතුන් වහන්සේ වැඩ වාසය කොට වදාළේ සැවැත්නුවර ජේතවනයේ. දවසක් දම්සභා මණ්ඩපයට රැස්වූ භික්ෂූන් වහන්සේලා භාග්‍යවතුන් වහන්සේ විමුක්තිය සොයා කළ අභිනික්මන් කිරීම ගැන කතා කරමින් සිටියා. ඒ අවස්ථාවේ භාග්‍යවතුන් වහන්සේ එතැනට වැඩම කොට මේ අතීත කතාව ගෙනහැර දක්වා වදාළා.

"මහණෙනි, ගොඩාක් ඉස්සර කාලෙක රජගහනුවර මගධ රාජ නමින් රජ්ජුරු කෙනෙක් රාජ්‍ය විචාරමින් සිටියා. ඔය කාලේ මහාබෝධිසත්වයෝ ඒ රජ්ජුරුවන්ගේ අගමෙහෙසියගේ කුසෙහි පිළිසිඳ ගත්තා. කුමාරයා උපන්නාට පස්සේ 'බ්‍රහ්මදත්ත' යන නම ලැබුණා. මේ කුමාරයා උපන් දවසේ ම පුරෝහිත බ්‍රාහ්මණයාගේ

බිරිඳටත් පුතෙක් ලැබුණා. ඒ පුත්කුමාරයාගේ මුහුණ ගොඩාක් ලස්සනට බැබලුන නිසා 'දරීමුඛ' යන නම ලැබුණා. මේ බ්‍රහ්මදත්ත කුමාරයයි, දරීමුඛ පුරෝහිත පුත්‍රයායි දෙන්නා ම එකට හැදුනේ වැඩුනේ රජමාළිගයේ ම යි. දෙන්නාට ම වයස දහසය වෙද්දී වැඩිපුර ඉගෙනීමට තක්ෂිලාවට පිටත් කළා. ඉතින් මේ යහළුවෝ දෙන්නා තක්සිලා ගොහින් ශිල්ප ශාස්ත්‍ර හදාරා ආපසු එන ගමනේ දී වෙනත් දේශවලත් සිරිත් විරිත් දැනගන්ට ඕනෑ ය යන අදහසින් ගම් නියම්ගම්වල හැසිරෙමින් එද්දී බරණැසටත් පැමිණියා. බරණැසට ඇවිත් බ්‍රාහ්මණ ගෙදරක නැවතුණා. පසුවදා දෙන්නා ම බරණැස් නගරයේ ආහාර සිඟාගෙන ගියා. එහිදී එක්තරා නිවසක බ්‍රාහ්මණවරුන්ට දානයක් තිබුණා. දානයෙන් පස්සේ මන්ත්‍ර සජ්ඣායනාවක් කරවන්ට ඕනෑ ය යන අදහසින් ආසනත් පිළියෙල කරවා තිබුණා.

මිනිස්සු මේ පිඬුසිඟා යන යොවුන් කුමාරවරු දෙන්නා දැකලා බ්‍රාහ්මණවරු ඇවිත් ඉන්නවා කියලා මේ දෙන්නාව නිවසට කැඳවාගෙන බෝධිසත්වයන්ට සුදුවතක් එළන ලද ආසනයකුත් පුරෝහිත කුමාරයාට රතු වස්ත්‍රයක් එලූ ආසනයකුත් පනවා වාඩිවෙන්ට දුන්නා. දරීමුඛ නිමිති ශාස්ත්‍රය හොඳට දන්නවා. ඔහු මේ ආසන දෙක දැකලා මෙහෙම හිතුවා. 'හෝ... මේ නිමිතිවලට අනුව නම් අද මගේ මිත්‍රයා බරණැස රජ වෙනවා. මට සේනාපති තනතුර ලැබෙනවා' කියලා ඔවුන් එහිදී ආහාර අනුභව කරලා මන්ත්‍ර සජ්ඣායනා කරලා සෙත් පතලා නික්ම ගිහින් රජ උයනට ගියා.

බරණැස් රජඋයනට ගිය බ්‍රහ්මදත්ත කුමාරයා මගුල් ගල්තලාවේ හාන්සිවෙලා සිටියා. දරීමුඛ කුමාරයා

බඹදත් කුමාරයාගේ පා පිරිමදිමින් එතන වාඩිවෙලා සිටියා. ඒ බරණැස් රජ්ජුරුවෝ අභාවයට පත්වෙලා සත්වෙනි දවසයි. පුරෝහිත බ්‍රාහ්මණයා රජ්ජුරුවන්ගේ අවසන් කටයුතු කරලා දරුවන් නැතිව සිටි බරණැස් රජුගේ රාජ්‍යයේ ඊළඟ සුදුස්සා සොයන්ට සත්වෙනි දවසේ මඟුල් රථය නිදහසේ යන්ට පිටත් කළා. චතුරංගිනී සේනාව පිරිවරාගත් මංගල රථය නොයෙක් සිය ගණන් තූර්යවාදන මැද උයන් දොරටුවට පැමිණියා.

දරීමුඛ කුමාරයාට තූර්යනාද හඬ ඇසුනා. 'හා... හරි... අද මගේ මිත්‍රයාට තමයි මේ මංගල රථය එන්නේ. එතකොට අද ම මොහුට රජකම ලැබේවි. මටත් සේනාපති තනතුර ලැබේවි. අනේ මට ගිහිගෙදර වාසය කිරීමෙන් පලක් නෑ. මං පැවිදි වෙනවා' කියා සිතා නින්ද ගිහින් සිටි බ්‍රහ්මදත්ත කුමාරයාටත් නොකියා ම දරීමුඛ කුමාරයා එතැනින් ඉවත් වෙලා සැඟවුණා. කාටවත් නොපෙනෙන්ට සිටගෙන සිටියා.

බරණැස් රජුගේ පුරෝහිතයා උයන් දොරකඩ රථය නවතා උයනට ඇතුළු වුනා. මඟුල් ගල් තලාවේ නිදියන බෝධිසත්වයන්ගේ පා යටිපතුල් දෙස බැලුවා. අපූරුවට යටිපතුලේ මඟුල් ලකුණු පේනවා. 'හප්පේ මේ මහා පින්වතෙක් නොවැ. මේ තැනැත්තා බරණැස් රාජ්‍යය විතරක් නොවෙයි පරිවාර දිවයින් දෙදහසක් ඇති සිව්මහාද්වීපයන්ට ම රජවෙන්ට පින් තියෙනවා. දැන් අපි මෙයාගේ ශක්තිය බලන්ට ඕනෑ' කියා එක්වරම සියලු තූර්යනාද වාදනය කළා.

එතකොට බෝධිසත්වයෝ හිස වසා පොරවා සිටි සළුව මෑත් කොට මහජනකාය දෙස බලා නැවතත්

සළුවෙන් මුහුණ වසාගෙන ටිකක් වෙලා නිදාගත්තා. තවමත් තූර්යනාදය ඇසෙනවා. එතකොට නැගිට මගුල් ගල් තලාවේ පළඟක් බැඳගෙන වාඩිවුණා.

පුරෝහිත බ්‍රාහ්මණයා ඇවිත් කුමාරයා ඉදිරියේ දණගසා ගෙන මෙසේ කිව්වා. "දේවයන් වහන්ස, ඔබවහන්සේට රාජ්‍යය ලැබුණා."

"ඇයි මිත්‍රය, රාජ්‍යයට උරුමක්කාර දරුවෙක් නැද්ද?"

"එහෙමයි, දේවයන් වහන්ස."

"එහෙම නම්, කමක් නෑ" කියා කුමරයා පිළිතුරු දුන්නා. එතකොට ඔවුන් මගුල් උයනේ ම රාජ්‍යාභිෂේක කළා. බෝධිසත්වයන්ට හදිසියේ ලැබුණු රජකම නිසා එහිදී ඇති වූ කලබලකාරී වටපිටාව නිසා තම මිත්‍ර දරීමුඛ ගැන අමතක වුණා. මඟුල් රථයට නැගී මහජනයා පිරිවරාගෙන බරණැස් නගරයට පිවිසිලා පැදකුණු කරලා රාජමාළිගා දොරටුව අසලදී ම ඇමතිවරුන්ට තනතුරු දීලා මාළිගාවට ගොඩ වුණා.

ඒ මොහොතේ මෙතෙක් සැඟවී සිටි දරීමුඛ "හා... දැන් බොහෝම අගෙයි. දැන් කව්රුත් නෑ" කියලා උයනට ඇවිත් මගුල් ගල්තලාවේ පළඟක් බැඳගෙන වාඩිවුණා. එතකොට ගසක ඉදීගිය කොළයක් ගිලිහී දරීමුඛ ඉදිරියට වැටුණා.

'හෝ... ගසක අත්තක පුංචි දල්ලකින් ආ කොළයක්, කෙමෙන් මෝරා ගොහින්, ඉදී ගොහින් තවදුරටත් ගසින් පෝෂණයක් ලබන්ට බැරි තැන ගිලිහී වැටී ගියා නේද!' කියා එය මෙනෙහි කරද්දී ම ක්‍රමයෙන් සියලු

සංස්කාරයන්ගේ අනිත්‍ය, දුක්ඛ, අනාත්ම යන ත්‍රිලක්ෂණය වැටහෙන්ට පටන් ගත්තා. එතකොට තමා තුළින් ම චතුරාර්ය සත්‍යාවබෝධය ඇතිවෙලා පසේබුද්ධත්වයට පත් වුණා. එකෙණෙහි ම දරීමුඛගේ ගිහි රූපය නැතිව ගියා. ඉර්ධියෙන් සිවුරු පාත්‍රා අහසෙන් පාත් වී සිරුරට පෙරවී ගියා. සැටවස් පිරීගිය මහාථේරනමකගේ හැඩරුව පෙනී ගියා. ඉර්ධියෙන් අහසට පැන නැගී හිමාලවනයේ නන්දමූලක පර්වතය බෑවුමට වැඩියා.

දැන් බෝධිසත්වයෝ ඉතා ධාර්මිකව රජ කරනවා. නමුත් රාජකීය මහා යස ඉසුරු නිසා ඇති වූ ප්‍රමාදයෙන් සතළිස් වසරක් ම දරීමුඛ නමැති තමන්ගේ යහළුවා ගැන මතක නැති වුණා. සතලිස් වසරකට පස්සේ දවසක් තමන්ගේ අතීතය ආවර්ජනා කරමින් සිටියා. 'අනේ... මගේ හොඳ මිත්‍රයෙක් හිටියා නේද දරීමුඛ කියලා. දැන් කොහේද දන්නෑ ඔහු ඉන්නේ' කියලා ඔහුව දකින්ට කැමැත්තක් ඇති වුණා. රජ්ජුරුවෝ එදා පටන් "අනේ කවුරු හරි මගේ මිත්‍ර දරීමුඛ ඉන්නා තැනක් කීවොත් මං ඔහුට ගොඩාක් යස ඉසුරු දෙනවා" කියා රාජසභාවේත්, නගරයේ හැම තැනකදීමත් කියනවා. මේ විදිහට තමන්ගේ මිත්‍රයා සිහි කර කර දස අවුරුද්දක් ම ගෙවී ගියා.

දරීමුඛ පසේ බුදුවරයන් වහන්සේත් පනස් අවුරුද්දකට පස්සේ අතීතය ආවර්ජනා කරද්දි තමන්ගේ මිත්‍රයා තමාව සොය සොයා ඉන්නා බව දැනගත්තා. 'දැන් ඉතින් මගේ මිත්‍රයා මහලුයි නොවැ. දූ දරුවොත් දැන් ලොකු මහත් නොවැ. මං ගොහින් බණ කියා ඔහුව පැවිදි කරවන්ට ඕනෑ' කියා අහසින් ගොහින් බරණැස් රජඋයනේ මගුල් ගල්තලාවේ රන් පිළිමයක් වගේ වාඩි වී සිටියා.

උයන්පල්ලා මේ පසේ බුදුන්ව දැක ළඟට ඇවිත් කතා කළා. "ස්වාමීනී, කොහේ ඉඳන් ද වැඩියේ?"

"පින්වත, මං ආවේ නන්දමූලක කඳු බෑවුමේ සිට."

"ඔබවහන්සේගේ නම මොකක්ද?"

"පින්වත, මං දරීමුඛ පසේ බුදුන්."

"ඉතින් ස්වාමීනී, ඔබවහන්සේ අපගේ රජ්ජුරුවෝ දන්නවා ද?"

"එසේය, පින්වත, ඔබගේ රජ්ජුරුවෝ මං ගිහි කාලේ මගේ යාළුවෙක්."

"හරි... ස්වාමීනී, මං මේ නමිනුයි දැනගත්තේ. අපේ රජ්ජුරුවෝ ඔබවහන්සේව බැහැදකින්ට කැමැත්තෙන් ඉන්නේ. මං එහෙනං ගොහින් කියන්ට ද ඔබවහන්සේ වැඩිය වග?"

"හොඳයි... ඒකට කාරි නෑ. ගිහින් කියන්ට."

එතකොට උයන්පල්ලා ඉක්මනින් මාළිගාවට ගොහින් දරීමුඛ නමැති රජ්ජුරුවෝ සොයන මිත්‍රයා ඇවිත් උයනේ මගුල් ගල්තලාවේ ඉන්නවා ය කියා දැනුම් දුන්නා. රජ්ජුරුවොත් "හා... බොහෝම අගෙයි, එහෙනම් මගේ මිත්‍රයා ආවා. මං දකින්ට යන්ට ඕනෑ" කියා රථයට නැගී මහත් පිරිවර ඇතිව මගුල් උයනට ගිහින් දරීමුඛ පසේබුදුන්ට වන්දනා කොට එකත්පස්ව වාඩි වුණා. දරීමුඛ පසේබුදුන් සිය මිත්‍ර රජු අමතා මෙසේ පැවසුවා.

"බ්‍රහ්මදත්ත රජ්ජුරුවෙනි, කොහොමද! ඡන්ද, ද්වේෂ, භය, මෝහ යන සතර අගතියෙන් තොරව

ධාර්මිකව රාජ්‍ය පාලනයේ යෙදෙනවානේ. ධනය ලබා ගැනීම පිණිස බදු බර පටවමින් මහජනයා පෙළන්නේ නෑ නේ. දානාදී පින්කම් කරනවා නේ" ආදී වශයෙන් දහම් කතාව පවත්වා මෙහෙමත් කිව්වා. "බ්‍රහ්මදත්ත රජුනි, දැන් ඔබ මහලුයි. දැන් ඉතින් මේ කාමසම්පත් අත්හැර පැවිදි වීමට ඔබට කාලයයි" කියා මේ පළමු ගාථාව පැවසුවා.

(1)

බඹදත් නරදේවයනේ -
කාමය යනු මඩ ගොහොරුව වගේ එරෙන දෙයක්
එතෙර වෙන්ට බැරි තරමට පැතිරුනු මඩ ගොඩක් -
ජාති, ජරා, මරණ කියන
මුල් තුනකින් පිහිටා ඇති කාමය යනු භයක් -
දැස් වසන දුහුවිල්ලක්
කාමය යනු කිසිවක් නොපෙනෙන දූමක් -
එනිසා දැන් අත්හරින්ට කාමයන්
කාමය අත්හැර පැවිදි වෙන්ට, පැවිදි වෙන්ට

එය ඇසූ බඹදත් රජ්ජුරුවෝ තමන් කාමයන්ට බැඳී ඇති බව පවසමින් මේ ගාථාව පැවසුවා.

(2)

අනේ බමුණ මං ඉන්නේ -
කාමයන්ට හොඳට ම බැඳිලා
කාමයන්ට ම යි තියෙන්නෙ මේ සිත ඇලිලා -
බලවත් සේ මුලා වෙලා
දැඩිලෙස මං කාමයන්ට හසු වී ඉන්නේ -
ජීවත් වෙන්ට තියෙන ආශාව නිසා
අත්හරින්ට බැරිවයි ඉන්නේ -
එනිසා මං කරනවා නේ බොහොසේ පින්කම්

එතකොට පසේ බුදුන් මෙහෙම පැවසුවා. "මේ ලෝකයේ උමතු බවට පත්වීම් අටක් තියෙනවා. ඒ උම්මත්තක සඤ්ඤාව හටගන්නා පුද්ගලයෝ අට දෙනෙක් ලෝකයේ ඉන්නවා.

1. ලෝභයේ වසඟයට පත් වූ පුද්ගලයා කාමයෙන් උමතු වෙනවා.

2. අනුන්ට හිංසා කිරීමේ අදහසට වසඟ වූ පුද්ගලයා ක්‍රෝධයෙන් උමතු වෙනවා.

3. සඤ්ඤාවිපල්ලාසයෙන් වසඟ වූ පුද්ගලයා දෘෂ්ටියෙන් උමතු වෙනවා.

4. අඥානකමේ වසඟයට පත් පුද්ගලයා මෝහයෙන් උමතු වෙනවා.

5. යක්ෂයන්ගේ වසඟයට පත් පුද්ගලයා යක්ෂාවේශයෙන් උමතු වෙනවා.

6. පිත් කිපීමෙන් වසඟයට පත් පුද්ගලයා පිත නිසා උමතු වෙනවා.

7. මත් ද්‍රව්‍ය පානයෙන් වසඟයට පත් පුද්ගලයා සුරාවෙන් උමතු වෙනවා.

8. ශෝකයේ වසඟයට පත් වෙන පුද්ගලයා ව්‍යසනයෙන් උමතු වෙනවා.

මේ උමතුවීම් අට නිසා උමතු බවට පත්වන පුද්ගලයන් අතුරෙන් ලෝභයේ වසඟයට ගොහින් ඔබ කාමයෙන් උමතුව ගිය නිසා පැවිද්දේ ගුණ සිහිකරගන්ට බැරි වුනා නේද? කාමය කියන්නේ මෙතරම්

ම අනර්ථකාරී දෙයක් ද? මේ මිනිසුන්ගේ ගුණධර්ම වනසන දෙයක් නොවේ ද මේ කාමයෝ? කල්ප කෝටි ගණන්, තෙරක් නොපෙනෙන මේ සසරේ ලෝභයෙන් යුතුව ආ නිසා ම යි ලෝභයෙන් උමතු වෙන්නේ. නුවණැත්තෝ කාමයන්ගේ ආශ්වාදය අල්ප බවත් බොහෝ ආදීනව ඇති බවත් කියා තියෙනවා නේද..." ආදී වශයෙන් කරුණු දක්වා දරිමුඛ පසේ බුදුන් තමන්ගේ උත්සාහය අත්නොහැර තවදුරටත් අවවාද කරමින් මේ ගාථාවන් පැවසුවා.

(3). තමන්ගෙ යහපත වෙනුවෙන් -
අනුකම්පා උපදවමින්
ජීවිතයේ සැප සලසන -
මග කියනා විටදී නැණවතෙක්
තමන් එල්බගත් මතය ම -
උතුම් කියා සිතා සිටින කෙනා
නුවණැත්තන්ගේ ඔවදන -
ලෙස කටයුතු නොකරන විට
ඒ අනුවණයාට තියෙන්නේ -
නැවත නැවත මව්කුස ඉපදීමක් විතරයි

(4)

සසරේ සැරිසරා යන්ට -
බිය වූ නුවණැතියන්ට පෙනෙන්නේ
මව්කුස ඇතුලේ සිටීම නම් -
ඝෝර නිරයෙ ඉපදුණා වගෙයි
මළ මූත්‍රාවලින් පිරුණු ලාමක වූ තැනක් ලෙසයි -
එහි ආසා ඇති වෙන්නේ නෑ
කාමයන්ට ඇති ආසා පහව නොගිය උදවිය හට -
කාමයට ම ගිජු වී ඇති හින්දා

ඔවුන්ට නම් මව්කුස උපදින ඉරණම -
අත්හරින්ට බෑ

සංසාරයේ භය දකිනා කෙනා කාමයන්ගේ දැක්ක යුත්තේ සත්‍ය වූ ආදීනවය මිසක් බාහිරින් පෙනෙන ආශ්වාදය නොවෙයි. මව්කුස යනු ඒකාන්තයෙන් දුක්ඛිත, අසුභ, අම්හිරි තැනක් ම යි.

"අපිරිසිදු තැනක් පිරිසිදුයි සිතාගෙන
අසූචි වූ මව්කුසක් පිරිසිදුය කියාගෙන
නොයෙක් කුණුපයන් පිරුණු මව්කුස -
සැබෑ තතු නොදකින විට
පෙනේ පිරිසිදු දෙයක් සේ

රෝ දුක්වලින් පෙළෙනා - දුගඳ වූ අසූචි වැහෙනා
ලාමක වූ මේ කුණුකයට - නින්දා වේවා
කාමයේ ආශ්වාදය ම සොයනා -
පමා වූ ජනයා ලොවේ
අහිමි කරගන්නේ සුගතියේ උපදින මග යි

කාමයන්ට වසඟ වූ සත්වයා නැවත නැවතත් මව්කුසක ම ඉපදෙමින් මැරෙමින් දුක කරා ම යන ආකාරය විස්තර කොට දැරීමුඛ පසේ බුදුන් මේ ගාථා පැවසූවා.

(5). අසූචි කුණු තැවරීගෙන -
ලෙයින් ඇඟ තෙමාගෙන
සෙම සෙවෙල වෙලාගෙන -
සත්වයෝ මව්කුසින් උපදින්නේ

(6). ඒ අළුත උපන් සත්වයෝ -
කයින් යමක් ස්පර්ශ කරත් නම්

ඒ සියලු දෙය ම ඔවුන් හට -
මහා බලවත් දුකක් ම යි
රජුනි මං මෙය කියන්නේ -
කාගෙන්වත් අසාගෙන නොවේ
පෙර විසූ කඳ පිළිවෙළ -
දකිනා නුවණ ලැබූ මා
මව් කුසේ වින්ද දුක මේ සසරේ -
ඉතා පැහැදිලිව දුටුවෙමි

මහරජුනි, අසංඛෙය්‍ය කල්ප ලක්ෂයක් මං සසරේ ආ හැටි දකිද්දී මව් කුසේ ම ඉපදීමෙන් මොන තරම් දුක්ඛිතව සිටියා දැයි නුවණින් දැකගත්තා. එනිසා කාමයන්ට ඇලුම් කිරීම නම් භයානක දෙයක් ම යි."

"මහණෙනි, ඔය විදිහට දරීමුඛ පසේබුදුන් නොයෙක් ආකාරයෙන් ලෝකයේ ඇති දුක්ඛිත තත්වය විස්තර කළා" කියා භාග්‍යවතුන් වහන්සේ මේ ගාථා කොටස වදාළා.

"ඒ නුවණැති දරීමුඛ පසේබුදුන්
විචිත්‍ර වූ ගාථාවලින් - දුක ම පහදා දුන්නා

ඉතින් මහණෙනි, ඔය විදිහට කාමයේ ඇති භයානක ප්‍රතිවිපාක පෙන්වා දී "මහරජ්ජුරුවෙනි, තවත් පමා වෙන්නේ මොකොටද? හැබැයි ඔබ දැන් ම පැවිදි වුණත් එකයි, නැතත් එකයි, මං ඔබට කාමයේ ඇති භයානක ප්‍රතිවිපාක කිව්වා. පැවිද්දේ අනුසස් කිව්වා. අප්‍රමාදී වීම ඔබේ අතේ" කියලා ස්වර්ණ හංසරාජයෙක් වගේ අහසට පැන නැගී වලාකුළු අතරින් යමින් නන්දමූලක පර්වත බෑවුමට වැඩියා.

බෝධිසත්වයෝ පසේබුදුන් වඩිනා මග වන්දනා කරගෙන බලා සිටියා. පසේ බුදුන් තමන්ගේ දෑස් සීමාවෙන් නොපෙනී ගිය ගමන් ජ්‍යෙෂ්ඨ පුත්‍රයාට කතා කළා. රාජ්‍යය භාර දුන්නා. මහාජනයා හඬා වැලපෙද්දී සියලු කාමයන් අත්හැරියා. හිමාලයට ගියා. ඍෂි පැවිද්දෙන් පැවිදි වෙලා කුටියක වාසය කළා. නොබෝ කලකින් ධ්‍යාන අභිඥා සමාපත්ති උපදවාගත්තා. මරණින් මතු බඹලොව උපන්නා."

මෙය වදාළ භාග්‍යවතුන් වහන්සේ චතුරාර්ය සත්‍ය ධර්මය දේශනා කොට වදාළා. ඒ දේශනාවේ අවසානයේ බොහෝ භික්ෂූන් සෝවාන් ආදී මාර්ගඵලයන්ට පත් වුණා. "මහණෙනි, එදා බ්‍රහ්මදත්ත රජුව සිටියේ මම" යි කියා භාග්‍යවතුන් වහන්සේ මේ ජාතකය නිමවා වදාළා.

04. නේරු ජාතකය

නේරු නමැති රත්තරන් පාට පර්වතය ගැන කතාව

පින්වතුනේ, පින්වත් දරුවනේ,

මේ කතාවෙන් කියැවෙන්නේත් ඉතාම වැදගත් කරුණක්. ඇතැම් අය ඉන්නවා කව්රු හරි දුටු ගමන් ඔහුට පහදිනවා. ඊට පස්සේ ඔහු කියන කරුණු අසාගෙන ඉන්නවා. ඔහු කියන ඕනෑම දෙයක් නොවිමසා පිළිගන්නවා. ඊට පස්සෙ තව කෙනෙක් ඇවිත් වෙනත් දෙයක් කියනවා. එතකොට කලින් මතය නොවිමසා, නොබලා පිළිගත්තා වගේ ම අලුත් මතයත් නොවිමසා නොබලා පිළිගන්නවා. කලින් ගත් මතය අත්හරිනවා. හැබැයි මේ දෙකේදී ම ඔවුන් විමසා බැලීම කළේ නෑ. එවැනි අය අද පමණක් නොවේ, එදාත් සිටියා.

ඒ දිනවල අපගේ භාග්‍යවතුන් වහන්සේ වැඩ වාසය කොට වදාළේ සැවැත්නුවර ජේතවනයේ. ඔය දවස්වල එක්තරා භික්ෂුවක් අපගේ භාග්‍යවතුන් වහන්සේගෙන් භාවනා උපදෙස් අරගෙන ටිකක් ඈත පළාතක ගමක වස් වසන්ට ගියා. ඒ ගමේ මිනිස්සු මේ භික්ෂුවගේ ඉරියව්, ඇවතුම් පැවතුම් ගැන පැහැදුනා. එතකොට ඔවුන් ඒ භික්ෂුවට දානයෙන් උපස්ථාන කරලා දිගටම වැඩ ඉන්ට

කියලා වනාන්තරේ කුටියක් සකසා දුන්නා. ඒ භික්ෂුවත් කුටියේ නැවතුනා. ගම්මු ඉතා හොඳින් සත්කාර කළා.

ටික දවසක් යද්දී ඔය ගමට වෙනත් තාපස පිරිසක් ආවා. ඔවුන් බණට කීවේ 'අපි හැමදෙනාට ම ආත්මයක් තියෙනවා. ඒ ආත්මය තමා භවයෙන් භවයට ගමන් කරන්නේ. ඒක නිත්‍ය, සදාකාලික, කාටවත් කපන්ට කොටන්ට නසන්ට බැරි දෙයක්' කියලා. එතකොට ඒ ගම්මු අර භික්ෂුව කියපු ධර්මය අත්හැරලා මේ අළුත් ශාස්වත දෘෂ්ටිය වැළඳ ගත්තා. එදායින් පස්සේ අර භික්ෂුවට දානයත් වරදින්ට පටන් ගත්තා. බණ අහන්ට එන්නෙත් නෑ. තාපසවරු ළඟට බණ අහන්ට යනවා. තාපසවරුන්ට ම මහත් ආදරයෙන් සලකන්ට පටන් ගත්තා.

ටික කලක් යද්දී ඒ ගමට තවත් තාපස පිරිසක් ආවා. ඔවුන් කීවේ මෙවැනි දෙයක්. 'පින්වත්නි, අපි මේ ආත්මයේ කොහොම ජීවත් වුණත් කිසි වරදක් නෑ. අනිත් අය දෙව්ලොව තියෙනවා ය, අපාය තියෙනවා ය, අපි මැරි මැරී සංසාරේ උපදිනවා ය කිය කියා අපිව නිකාං බොරුවට භය කරනවා. අනේ පින්වත්නි, කිසි දේකට භය වෙන්ට කාරි නෑ. හොඳට කාලා බීලා විනෝදෙන් ඉන්ට. අපි හැමෝටම ආයෙමත් ඉපදීමක් නෑ. මේ ආත්මෙන් ඔක්කෝම ඉවරයි' කියලා මරණින් මතු සත්වයා නැත්තේය කියා උච්ඡේද දෘෂ්ටිය ඉගැන්නුවා. එතකොට ගම්මු "ෂා...! හරි අගේ ඇති අදහසක් නොවැ" කියා ඒ උච්ඡේද දෘෂ්ටිය වැළඳගත්තා. ඊට පස්සේ වෙන කා ළඟටවත් නොගිහින් මේ තවුසන්ට සලකන්ට පටන්ගත්තා. එතකොට අර භික්ෂුව ඉතා දුකසේ වස් කාලය ගත කළා. වස් කාලය අවසන් වුණාට පස්සේ

භාග්‍යවතුන් වහන්සේව බැහැදකින්ට සැවැත් නුවර වැඩියා. භාග්‍යවතුන් වහන්සේ ඒ භික්ෂුව සමග පිළිසඳර කතා බස් කොට වදාළා. "භික්ෂුව, මෙවර වස් වැසුවේ කොහේද?" "ස්වාමීනී, මං ටිකාක් ඈතට වෙන්ට පිටිසර ගමක වස් වැසුවේ." "ඉතින් වස් කාලේ පහසුවෙන් වාසය කළා ද?" "අනේ නෑ ස්වාමීනී, ඒ ගමේ මිනිසුන්ට කාගෙවත් ගුණ හඳුනාගන්ට බෑ. ඒ ගමට එන ඕනෑම අයෙකුට පහදිනවා. ඔවුන්ගේ දෘෂ්ටි ගන්නවා. ඔවුන්ට කවුද හරි, කවුද වැරදි කියා තේරුම් ගන්ට ඤාණසත්තියක් නෑ. ඒ නිසා ඒ මිනිස්සු එක එක මත අරගෙන අවුල් වුණා. මාත් හරිම පීඩාවෙන් වාසය කළේ."

"භික්ෂුව, ඉස්සර හිටිය නුවණැති උදවිය තිරිසන් යෝනියේ ඉපදිලාත් ගුණ අගුණ වෙනස නොදකින පිරිස් ළඟ එක දවසක්වත් වාසය කළේ නෑ. තමන්ගේ ගුණ අගුණ තේරුම්ගන්ට බැරි මිනිසුන් සිටිය තැන හිටියේ ඇයි?"

"අනේ ස්වාමීනී, ඉස්සර නුවණැති පණ්ඩිතයෝ තිරිසන් යෝනියේ ඉපිද සිටියදී පවා ගුණ අගුණ නොදන්නා පිරිස් අතුරින් බැහැරට ගිය කතාව ගැන කියා දෙන සේක්වා" කියා ඒ භික්ෂුව භාග්‍යවතුන් වහන්සේගෙන් ඉල්ලා සිටියා. භාග්‍යවතුන් වහන්සේ මේ අතීත කතාව ගෙනහැර දක්වා වදාළා.

"මහණෙනි, ගොඩාක් ඉස්සර කාලෙක බ්‍රහ්මදත්ත නමින් රජ්ජුරු කෙනෙක් රාජ්‍ය විචාරමින් සිටියා. ඔය කාලේ මහබෝධිසත්වයෝ ස්වර්ණහංස යෝනියේ උපන්නා. මේ හංසයාට බාල තව සහෝදර හංසයෙකුත් ඉන්නවා. ඒ දෙන්නා ම වාසය කළේ හිමාලයේ චිත්‍රකූට

පර්වතයේ. හිමාල වන පෙදෙසේ ඉබේ හැදෙන ඇල්හාල් තමයි අනුභව කළේ. දවසක් මේ හංසයෝ දෙන්නා ඇල්හාල් අනුභව කරන්ට ගිහින් චිත්‍රකූට පර්වතයට එන අතර මග 'නේරු' නමින් ප්‍රසිද්ධ රත්තරන් පාට පර්වතයක් දැකලා ඒ මතට ගිහින් වාඩි වුණා. ඒ පර්වතය ඇසුරින් වාසය කරන නොයෙක් සත්තු ඉන්නවා. කුරුල්ලෝ, හාවෝ, සිව්පාවෝ ආදී නොයෙකුත් වර්ණයන්ගෙන් යුක්ත සතුන් ඉන්නවා. නමුත් මේ සත්තු පර්වතයට ආ වේලේ පටන් ඔවුන් තුළ පෙනෙන්ට තිබූ නා නා පැහැයන් නැතිව ගොහින් පර්වතේ පාට වැදී හැමෝම පෙනුනේ රන් පැහැයට යි. මෙය දුටු පොඩි හංසයා මෙහෙම වුණේ කොහොමද කියා සොයා ගන්ට බැරිව බෝසත් හංසයාගෙන් මේ ගාථාවන් අසනවා.

(1). අනේ අයියණ්ඩි -
කැලෑ කපුටොත් ගමේ කපුටොත්
කුරුල්ලන් හට උතුම් වූ අපි දෙදෙනාත්
මේ පර්වතයට ආ වේලේ පටන් -
තිබුන වෙනස නොපෙනී ගියා
එකම විදිහට සමාන පැහැයෙන් -
හැමෝම දිස්වන්නේ

(2). සිංහයෝත් ව්‍යාඝ්‍රයෝත් -
හිවල්ලුත් අනෙකුත් බාල සතුනුත්
මේ පර්වතයට ආ වේලේ පටන් -
තිබුන වෙනස නොපෙනී ගියා
එකම විදිහට සමාන පැහැයෙන්
හැමෝම දිස්වන්නේ
මේ පර්වතේ නම මොකක්ද අයියණ්ඩි

එය ඇසූ හංසරාජයා මේ ගාථාව පැවසුවා.

(3).   මේ උතුම් පර්වතයට -
            නේරු නමිනුයි මිනිසුන් පවසන්නේ
මේ පර්වතයට ආ විට - සියලුම සත්වයෝ
සමාන වර්ණ සම්පත්තියෙන් -
            යුක්තවයි වසන්නේ

එතකොට පොඩි හංසයා මේ ගාථාවන් පැවසුවා.

(4).   යම් තැනක වසන විට -
            සිල්වතුන් ගුණවතුන් හට
කිසි ගරු බුහුමනක් නැත්නම් -
            අවමානයක් ඇත්නම්
දුසිල් ලාමක අය හා - සමානව සලකත් නම්
එබඳු තැනක නුවණැතියෙක් -
            වාසය නොකළ යුතු ම යි

(5).   යම් තැනක වසන විට -
            අලසයාටත් දක්ෂයාටත්
එඩිතර අයටත් බියගුලු අයටත් -
            සමානව සලකත් නම්
කිසිම වෙනසක් නොදක්වන -
            එබඳු තැනක වාසය නොකළ යුතු ම යි

(6)
මේ රන් පැහැති නේරු පර්වතය -
            හීන, මධ්‍යම, උතුම් වශයෙන්
සතුන් හඳුනාගැනීම නැති කරයි -
            මේ නේරු පර්වතය
සත්වයන් හට වෙනසක් නොකරයි -
            අනේ අපි මේ පර්වතය හැර යමු

මෙහෙම කියා ඒ හංසයෝ දෙන්නා අහසට පැන නැගී චිත්‍රකූට පර්වතයට ම ගියා.

භාග්‍යවතුන් වහන්සේ මෙය වදාරා චතුරාර්ය සත්‍ය ධර්මය වදාළා. ඒ ධර්ම දේශනාවේ කෙළවර ඒ භික්ෂුව සෝවාන් ඵලයට පත් වුනා. එදා පොඩි හංසයාව සිටියේ අපගේ ආනන්දයෝ. ස්වර්ණහංස රාජයාව සිටියේ මම" යි කියා භාග්‍යවතුන් වහන්සේ මේ ජාතකය නිමවා වදාළා.

05. ආසංක ජාතකය

තමා සොයා ආ රජු තුන් අවුරුද්දක් වෙහෙසවූ ආසංකාගේ කතාව

පින්වතුනේ, පින්වත් දරුවනේ,

සංසාරය පුරාවට තියෙන්නේ ම ඇලීම් ගැටීම් ඔස්සේ එකිනෙකා පැටලී ගිය දුක්ඛිත ගමනක්. බුදු කෙනෙක් පහළ වීමෙන් තමයි කෙනෙක්ට ඒ භයානක ඉරණමින් නිදහස් වෙන්ට අවස්ථාවක් ලැබෙන්නේ. එහෙම ලැබෙන අවස්ථාව පවා ගිලිහී යන්ට ආයෙමත් සංසාර බන්ධන මතු වී එනවා. පිනක් තිබුණොත් තමයි එයිනුත් ගැලවී යන්ට ලැබෙන්නේ. මේ එබඳු කතාවක්.

ඒ දිනවල අපගේ භාග්‍යවතුන් වහන්සේ වැඩ වාසය කොට වදාළේ සැවැත්නුවර ජේතවනයේ. ඔය කාලේ සැවැත්නුවර සිටි උපාසකයෙක් සිය බිරිඳගෙන් අවසර ගෙන බුද්ධ ශාසනයේ පැවිදි වුණා. වැඩි කලක් ඒ භික්ෂුවට නිදහසේ ඉන්ට ලැබුනේ නෑ. ගිහිකාලේ බිරිඳ ආයෙමත් සිවුරු හැර ගෙදර එන්ට කියා බලපෑම් කරන්ට පටන් ගත්තා. එතකොට ඒ භික්ෂුවට නිදහසේ බණ භාවනා කරගන්ට බැරිව ගියා. සිත විසිරෙන්ට පටන් ගත්තා. පීඩාව බලවත්ව දැනෙන්ට පටන් ගත්තා. පැවිද්දට ඇති ආසාව නැතිව ගියා. සිවුරු හැර නැවතත්

ගිහිවෙන අදහස ඇති වුණා. එතකොට වැඩිහිටි භික්ෂූන් වහන්සේලා භාග්‍යවතුන් වහන්සේ ළඟට මේ භික්ෂුව කැඳවාගෙන ගියා. භාග්‍යවතුන් වහන්සේ ඒ භික්ෂුවගෙන් මෙසේ අසා වදාළා. "හැබෑද භික්ෂුව, දැන් ඔබට පැවිදි ජීවිතයට ඇති උවමනාව නැති වුණාය කියන්නේ. පීඩාවෙන් ඉන්නවා කියන්නේ?"

"එහෙමයි ස්වාමීනී, අනේ මං හරි සතුටින් බණ භාවනා කරගෙන හිටියේ. මයෙ හිතත් සතර සතිපට්ඨානයට යොමු වී ගෙන ආවා විතරයි. අපේ ගෙදර මායියාගෙන් බේරෙන්ට බෑ. ඈ අසරණයිලු. ඈට කවුරුත් නැලු."

"භික්ෂුව, ඔය ස්ත්‍රිය ඔබේ යහපතට කැමැති තැනැත්තියක් නොවේ. ඔබට අනර්ථය කැමැති එකියක්. ඔය ස්ත්‍රිය නිසා කලින් ආත්මෙක ඔබට චතුරංගිනී සේනාව අත්හැරලා හිමාල වනයේ කටුක දුක් විඳිමින් තුන් අවුරුද්දක් ගත කරන්ට සිදු වුණා" කියා මේ අතීත කතාව ගෙනහැර දක්වා වදාළා.

"මහණෙනි, ගොඩාක් ඉස්සර කාලෙක බරණැස් පුරේ බ්‍රහ්මදත්ත නමින් රජ්ජුරු කෙනෙක් රාජ්‍ය විචාරමින් සිටියා. ඔය කාලේ මහාබෝධිසත්වයෝ කාසි ගමේ බ්‍රාහ්මණ පවුලක උපන්නා. නිසි වයසේදී තක්සිලා ගොහින් හොඳට ඉගෙනගෙන ඇවිත් ගිහි ජීවිතයකට නොබැඳී හිමාලයට ගොහින් ඍෂි පැවිද්දෙන් පැවිදි වෙලා එක්තරා පියුම් විලක් අසබඩ කුටියක තපස් කරමින් ධ්‍යාන අභිඥා සමාපත්ති උපදවාගෙන වාසය කළා.

ඔය දවස්වල තව්තිසා දෙව්ලොවින් චුත වූ එක්තරා පින්වත් සත්වයෙක් ඒ පියුම් විලේ පියුම් ගැබක් ඇතුළේ

දැරියක් වශයෙන් ඕපපාතිකව උපන්නා. ඒ විලේ තියෙන අනිත් පියුම් පෙති හැලී මැලවී ගියත් මේ පියුම කුඩා කළගෙඩියක් වගේ නොමැලවී තිබුණා. බෝධිසත්වයෝ පියුම් විලට නාන්ට ආ වේලේ මේ අද්භූත පියුම දැක්කා. 'හෝ... මේ නෙළුම විතරක් මොකෝ මේ මහ විශාලෙට පිම්බිලා තියෙන්නේ. අනිත් මල් ඔක්කෝම පෙති හැලුනත්, මේක තවම ලොකුවට තියෙනවා. මේකේ මොකාක් හරි කාරණාවක් ඇති' කියලා එතැනට ගිහින් මල්පෙති දිගහැර බලද්දී ඉතාම ලස්සන සිඟිති දැරියක් සිටියා. එතකොට බෝධිසත්වයෝ දරුපෙම් උපදවාගෙන ඒ දැරිය දෝතට ගෙන කුටියට රැගෙන ආවා. ඉතාම පරෙස්සමින් ඇති දැඩි කළා.

කාලයක් ගත වුණා. දැන් ඈ සොළොස් හැවිරිදි කන්‍යාවක්. ඒ දැරිය අතිශයින් ම රූසිරි දරන්නියක් වුණා. ඇගේ රූපය මිනිස් සුන්දරත්වය ඉක්මවා ගිහින් දිව්‍ය සුන්දරත්වයට ළං වී තිබුණා. දුටු දුටුවන්ගේ නෙත් සිත් වසඟ කරවන රුවක් තිබුණා.

ඔය කාලේ බෝධිසත්වයන්ට උපස්ථාන කරන්ට සක්දෙවිඳු එනවා. දවසක් සක්දෙවිඳු ආ වේලේ බෝධිසත්වයෝ තම දියණිය පියුම් ගැබක සිටියදී ගෙනැවිත් පෝෂණය කළ අයුරු සක් දෙවිඳුට පවසා සිටියා. එතකොට සක් දෙවිඳු මෙහෙම ඇහැව්වා.

"ස්වාමීනී, මේ දැරියට මොනවාද ලැබෙන්ට ඕනෑ?"

"දෙවිඳුනි, මේ දියණියට ඉන්ට පළිඟු ප්‍රාසාදයක් මවා දෙන්ට. ඊට සුදුසු ලෙස දිව්‍ය ඇඳ පුටු මේස, වස්ත්‍රාභරණ, ආහාරපානයනුත් සලසාදෙන්ට."

"එහෙමයි ස්වාමීනී" කියලා සක්දෙවිඳු ඇයට පළිඟු ප්‍රාසාදයක් මවා දී තාපසින්නාන්සේ ඉල්ලා සිටි සෑම දෙයක් ම දුන්නා. ඒ ප්‍රාසාදයට නගින්ට ඕනෑ වූ විට බිමට පාත්වෙනවා. නැංගාට පස්සේ ආයෙමත් ආකාසයේ එල්ලී තියෙනවා. ඉතින් ඈ ඒ ප්‍රාසාදයේ නැවතිලා නිතිපතා බෝධිසත්වයන්ට උපස්ථාන කරනවා. දවසක් වනයේ ඇවිදින මිනිහෙක් මේ සුරූපී කුමාරිකාව දැක්කා. "අනේ තාපසින්නාන්ස, මේ විදුලියක් වගේ බබළන කුමාරි කව්ද?" කියා තවුසාගෙන් ඇසුවා.

"ඒ මගේ දියණියයි" කියා තවුසා පිළිතුරු දුන්නා. එතකොට ඒ මිනිසා මේ අසිරිමත් කරුණ රජ්ජුරුවන්ට කියන්ට ඕනෑ කියා බරණැසට ගොහින් රජ්ජුරුවෝ බැහැදැක මෙය කියා සිටියා.

"අනේ දේවයන් වහන්ස, මේ හිමාල වනය නම් හරිම පුදුම සහගතයි. හිමාල වනයේ එක්තරා නෙළුම් පොකුණක් ළඟ තාපසයෙක් තමන්ගේ දියණියත් සමඟ වාසය කරනවා. හැබැයි එවැනි සුරූපී කුමාරිකාවක් මයෙ මේ ඇහින් දැකලා නෑ දේවයන් වහන්ස. රන්වන් පාටින් දිලිසෙනවා. දිව්‍යාප්සරාවක් වගේ."

"හැබෑට...! එහෙනම් අපි ගොහින් ඒ කුමාරි අපේ මාළිගාවට අරගෙන එමු. උඹ මාත් එක්ක පාර පෙන්නන්ට වරෙං. මං අද ම චතුරංගිනී සේනාව පිළියෙල කොරන්නං" කියලා රජ්ජුරුවෝ සිව්රඟ සේනාවත් අරගෙන හිමාලය බලා පිටත් වුණා. බෝසතුන්ගේ කුටියට ඈතින් කඳවුරු බැඳගෙන අර මිනිහාත් ඇමති පිරිසත් එක්ක කුටියට ගිහින් තාපසයාව බැහැදැක වන්දනා කළා. එකත්පස්ව වාඩිවුණා.

"ස්වාමීනී, මෙහෙ ස්ත්‍රියක් ඉන්නවා ය කියා දැනගන්ට ලැබුණා. ඉතින් ස්වාමීනී, මේ මහා වනාන්තරේ තමුන්නාන්සේ කුමාරිකාවක් එක්ක වාසය කිරීමෙන් තමුන්නාන්සේටත් කුමාරිටත් නිසි ආරක්ෂාවක් නෑ. ඒ නිසා කුමාරිව මට දෙන්ට. මං රාජ මාළිගාවේ සියලු සැප පහසුකම් දෙන්නම්."

"හොඳයි මහරජ්ජුරුවෙනි, කුමාරිව ගෙනියන්ට. ඒකට මගේ අකැමැත්තක් නෑ. හැබැයි කුමාරිගේ නම මොකක්ද කියා මට කිව්වාට පස්සෙ තමයි මං කුමාරිව දෙන්නේ. එතකල් දෙන්ට බෑ. ඔබතුමා තමන්ගේ නුවණ මෙහෙයවා ඥාණ සත්තියේ බලයෙන් කුමාරිගේ නම මට කියන්ටකෝ එහෙනං."

"ඉතින් තමුන්නාන්සේ කීවොත් මට කුමාරිගේ නම දැනගන්ට පුළුවන් නොවැ."

"නෑ... නෑ... මං ඔබට කුමාරිගේ නම කියන්නෙ නෑ. ඔබ ම නම සොයාගෙන මට කියන්ටකෝ."

එතකොට රජ්ජුරුවෝ ඇමතිවරුන් එක්ක එකතු වෙලා අහස පොළොව ගැටලන්නැහේ මේ කුමාරිගේ නම මොකක් වෙන්ට ඇත්ද කිය කියා කතා වුණා. ලේසියෙන් සිතාගන්ට බැරි අමාරු නම් හදාගෙන, මේ නම වෙන්ට ඇති, මේ නම වෙන්ට ඇති කියා සිතා බෝධිසත්වයන්ට ගිහින් කියනවා. "නෑ... මේ නම නොවේ" කියා බෝධිසත්වයෝ ඒ නම් ප්‍රතික්ෂේප කළා. බෝධිසත්වයෝ මුලින් ම මේ කුමාරිව දැක්කේ නෙළුම් ගැබක් ඇතුලෙ තිබෙද්දී. එදා මේ නෙළුමේ මොනාද තියෙන්නේ කියලා සැක සිතිලා තමයි වතුරට බැහැලා මල ළඟට ගියේ. එහෙම සැකය විමසන්ට ගිහිල්ලයි කුමාරිව දැකගන්ට

ලැබුණේ. එනිසා බෝධිසත්වයෝ ඒ කුමාරිට නම දැම්මේ 'ආසංකා' කියලා. නමුත් තවමත් බරණැස් රජ්ජුරුවන්ට නම් ඒ නම කියාගන්ට බැරිව ගියා.

රජ්ජුරුවෝ කුමාරිගේ නම කියාගන්ට බැරිව අවුරුද්දක් ගත වුණා. ඒ අවුරුද්ද ම රජ්ජුරුවන්ගේ ඇත්තු, අශ්වයෝ, මිනිස්සු වනයේ සිටිය නිසා සිංහයෝ ව්‍යාඝ්‍රයෝ වැනි සතුන්ට ඔවුන්ගෙන් සමහරෙක් ගොදුරු වුණා. නයි පොළොංගුන්ගේ ප්‍රහාරයන්ට ලක්වුණා. මැසි මදුරුවන්ගෙනුත් ගොඩාක් දුක් වින්දා. සීතලෙනුත් ගොඩාක් දුක් වින්දා. මේ නිසා සෑහෙන පිරිසකට නිකරුණේ මැරෙන්ට සිදුවුණා. රජ්ජුරුවන්ටත් අන්තිමේදී කේන්ති ගියා. "මේ මොන වදයක් ද. මට මේ ස්ත්‍රියගෙන් වැඩක් නෑ" කියා තවුසාටත් කියලා පිටත් වෙන්ට සූදානම් වුණා.

එතකොට ම ආසංකා කුමාරි පළිඟු ප්‍රාසාදයේ ජනෙල් පියන් හැරලා තමන් පෙනී සිටියා. රජ්ජුරුවෝ කුමාරි දෙස බලා මෙහෙම කිව්වා. "මට තවමත් තිගේ නම කියාගන්ට බැරිව ගියා. තී හිමාලෙ ම හිටිං. මං යනවා යන්ට."

"හානේ... ඇයි රජ්ජුරුවෙනි, ඔයා කොයිබෙයි යන්ට හදන්නේ? ඇයි අනේ මං වැනි ස්ත්‍රියක් එපා ද...? මේ... ඒක නොවේ... මං කියන එක අහන්ටකෝ. තව්තිසා දිව්‍ය ලෝකේ චිත්‍රලතා වනේ ආසාවතී කියලා වැල් ජාතියක් තියෙනවා හොඳේ. ඉතින් අනේ ඒ වැලේ අවුරුදු දහසකට වතාවක් තමයි ගෙඩි හටගන්නේ. ඔය ගෙඩි ඇතුළේ මී පැණි වගේ රස දිව්‍ය පානයක් තියෙනවා. ඒවා එක්වරක් බීවොත් හාරමාසයක් ම මත් වෙලා නින්ද යනවා අනේ. ඉතින් මත්වෙන්ට ආසා දිව්‍ය පුත්‍රයෝ ඔය

වැලෙන් ගෙඩියක් කඩාගන්ට ආසාවෙන්, දිව්‍ය පානය බොන්ට පිපාසෙන් අවුරුදු දහසක් ම ඒ ආසාවතී වැල වටා කැරකි කැරකී ඉන්නා හැටි ඔයාලා දන්නෑනේ. ඉතින් ඔයාට මේ එක හවුරුද්දෙන් ම මාව එපා වෙච්චි හැටි. ආසාවතී ගහේ ගෙඩියෙන් බිව් පානයෙනුයි සැප ලැබුණේ. ඒ නිසා ඔය තරම් ඉක්මණට කලකිරෙන්ට නාකයි" කියා මේ ගාථාව කිව්වා.

(1)

තව්තිසාවේ චිත්‍රලතා වනේ -
ආසාවතී නම් ලාස්සන වැලක් තියෙනවා
අවුරුදු දහසකට වරක් -
රස මත්පැන් පිරී තිබෙන එල හටගන්නවා
ඒවා බොන්ට ආසාවෙන් -
එතරම් දිගු කලක් පුරා දෙවිවරු ඇවිදින්
ඒ වැලේ පල හටගන්නා තුරු -
බලා ඉන්නවා අනේ බලා ඉන්නවා

(2). එනිසා රජතුමනි ඔබත් -
බලාපොරොත්තුවෙන් ඉන්ට
තමන් ආසා කළ දේ ලැබෙනා විටදී -
සැපයක් ඇති වෙනවානේ

එතකොට රජ්ජුරුවෝ ආසංකා කුමාරිගේ කතාවට වසඟ වුණා. නැවතත් ඇමතිවරුන් සමඟ එකතුවෙලා කුමාරිගේ නම සොයාගන්ට මහන්සි ගත්තා. ඒත් බැරි වුණා. තවත් දුක් විඳ විඳ අවුරුද්දක් ගෙවිලා ගියා. දැන් අවුරුදු දෙකක් ම වනේ ඉඳලා රජ්ජුරුවන්ට එපා වුණා. "මට මෙයාගෙන් වැඩක් නෑ. මං යනවා" කියා රජ්ජුරුවෝ අශ්වයා පිටේ නැග පිටත් වුණා.

එතකොට ඈ ආයෙමත් ජනෙල් පියන් හැර පෙනී සිටියා. රජ්ජුරුවෝ ඈ දැක මෙහෙම කිව්වා. "හිටපිය... ඔය ප්‍රාසාදයේ තනියම හිටපිය. මං යනවා යන්ට."

"අනේ... ඇයි මහරජ්ජුරුවෙනි, ඔයා යන්ට හදන්නේ?"

"ඇයි... මට තාමත් තිගේ නම හොයාගන්ට බැරිව ගියානේ."

"මහරජ්ජුරුවෙනි... ඇයි අනේ මයෙ නම සොයාගන්ට බැරි වුණේ? ආසාව කියන්නේ ඉටු නොවන දෙයක් නොවේ. මං... මේ කියන එක අහන්ටකෝ... ඕං... එක කන්දක් මුදුනේ කොකෙක් හිටියා හොඳේ. ඉතින් ඒ කොකාටත් තමා පැතූ දේ ලැබුණා. ඔයාට විතරක් නොලැබී යාද රජ්ජුරුවෙනි... ඉතිං මේ කොකාගේ කතාව අහන්ටකෝ. ඉතින් අනේ... ඒ කොකා දවසක් පියුම් විලකට බැස ගොදුරු කාලා ආයෙම කන්ද මුදුනට ඇවිත් දවස පුරා ම කන්දේ හිටියා හොඳේ. එතකොට කොකාට මෙහෙම සිතුණා. 'අනේ මෙතන වාඩි වී ඉන්න එක මට ගොඩාක් සැපායි. මං මෙතැන මෙහෝම වාඩි වී ඉන්නැද්දී ගොදුරුත් කාලා පැන් බොන්ටත් ඇත්නම් හරි අගෙයි' කියලා. ඉතිං අනේ... එදා ම සක්දෙවිඳු අසුරයන් පරදවා ජයග්‍රහණය ලබා තව්තිසා භවනේ දෙව්සිරි විඳිමින් සිටිද්දි මෙහෙම හිතුවා 'මයෙ මනෝරථය මුදුන්පත් වුණා. තවත් කවුරු හරි තමුන්නේ ආසාව මුදුන්පත් කොරගන්ට බැරිව ඉන්නවාදෝ' කියා බැලින්නං සක්දෙවිඳුට අර කොකාව පෙනුනා අනේ. ඒ කොකාගේ ආසාව ඉටු කොරලා දෙන්ට ඕනෑ ම කියලා සක්දෙවිඳුට සිතුණා හොඳේ. ඉතිං... අනේ... ඒ කොකා ඉන්නා ළඟින්

ම ගඟක් ගලනවා. සක් දෙවිඳුගේ ආනුභාවයෙන් අර නදිය ටිකින් ටික උඩට ගලා ඇවිත් කොකා වාඩි වී උන් තැනට ආවා. එතකොට කොකා එහෝම ඉන්නැද්දී ගොදුරුත් කෑවා, පැනුත් බීවා අනේ. ඊට පස්සේ වතුර බැස ගියා. ඉතිං... බලන්ටකෝ... කොකාගේ ආසාවත් හරි ගියානේ. ඔයා ආසා කොරන දේ නොලැබී තියෙන්ට විදිහක් නෑ නේ" කියා මේ ගාථාව පැවසුවා.

(3). **ආසා කළ දේ ලැබෙනා තුරු -**
එය ම පත පතා සිටියා නේද කුරුල්ලා
කොකා වුණත් ආසා කළ දේ -
ඉටු වූ විට සැප ලැබුණා නේ
කොකාගේ ආසාව -
කොයිතරම් නම් දුරකට ගියා ද
එනිසා රජුනි ඔබ පතනු මැනව -
ආසාව ඉටු වූ විට ලැබේ ම යි සැප

එතකොට ආසංකාගේ රුවට වසඟ වූ රජ්ජුරුවෝ යාගන්ට බැරිව ආයෙමත් වනාන්තරේ නැවතුණා. ඇමතිවරුන් සමඟ කතාකොට තව නම් සියයක් හැදුවා. ඒ වෙනුවෙන් ගත කරද්දී තවත් අවුරුද්දක් ගෙවී ගියා. තුන් අවුරුද්දකට පස්සේ රජ්ජුරුවෝ තමන් හදාපු නම් රැගෙන තාපසයන් මුණ ගැසී ඒවා ඉදිරිපත් කළා. "අයියෝ... රජ්ජුරුවෙනි, තවම නම දැනගන්ට බැරි වුණා නොවැ." "එහෙනම්, තවදුරටත් මෙහෙ ඉඳලා වැඩක් නෑ. මං යනවා යන්ට" කියා තාපසයින් වැඳ පිටත් වුණා.

එතකොට ම ආසංකා කුමාරි පළිඟු පියන්පත් හැර පෙනී සිටියා. "හරි... ඔබ ඔහොම ඉන්ට. මං යනවා යන්ට."

"අනේ... ඇයි... යන්ට හදන්නේ රජ්ජුරුවෙනි?" "ඇයි ඉතිං තී නොයෙක් මධුර වචනයෙන් මාව බැඳ තබා ගන්නවා නොවැ. තී වචනයෙන් විතරයි මාව සතුටු කරන්නේ, මාව කාම සැපයෙන් සතුටු කරවන්නේ නෑ නොවැ... දැන් බලාපං... තුන් අවුරුද්දක් මේ වනේ මං විතරක් යැ. හැමෝම මෙතෙක් නොවිඳි දුක් විඳිනවා. මං යනවා යන්ට දැන්" කියා මේ ගාථාවන් පැවසුවා.

(4). තී නම් කිසි සුවඳක් නැති -
ලස්සන කටුකරඬුමලක් වගෙයි
මිහිරි තොඳොල් බස් කියා -
එයින් මාව පිනවමින් සිටියා
තිගේ කිසිම ක්‍රියාවකින් - මාව සතුටු කළේ නෑ

(5). යහළුකමට ළං වෙලා -
පලක් නොමැති මිහිරි වදන් කීවත් කොතරම්
දෙන්නේ නැති නම් ඒ කියනා කිසිවක් -
ඒ හාදකම කල් පවතින්නෑ

(6). යමක් කරනවා නම් කියන්ට ඕනෑ එය ම යි
යමක් කරන්නේ නැතිනම් -
එය නොකියා සිටීම ම යි උතුම්
කියන නමුත් නොකරන අය -
කවුද කියා නුවණැත්තෝ දන්නවා

(7). මේ විකාර නිසා මගේ බලය පවා නැති වෙලා ගියා
මගේ ගමන් බිමන් යන පහසුව නැති වෙලා ගියා
මං දැන් මැරේවි කියලයි මට සැකය තියෙන්නේ
එනිසා මං තී අත්හැර යනවා දැන්

එතකොට ම ආසංකා කුමාරි මෙහෙම කීවා.

"හා...! රජුනි දැන් ඔයාට මගේ නම කියවුනා! දැන් කීවේ **'ජීවිතවිනාසං ආසංකාමී හන්ද ඉදානි ගච්ඡාමි'** කියලා. ජීවිතේ නැතිවේය කියා සැකයි කීවේ.

"හා... එතකොට ඔයා ආසංකා?"

"ඔව්... රජ්ජුරුවෙනි, මං ආසංකා. එහෙනම් දැන් ගොහින් මගේ පිය තවුසාණන්ට කියා එන්ට. දැන් ඔබවහන්සේට මාව ඇන්න යන්ට පුළුවනි" කියා මේ ගාථාව පැවසුවා.

(8). **නිරිඳාණෙනි දැන් ඔයා -**
කීවා නේද ආසංකා කියා
ඒක තමයි මගේ නම අනේ -
නිරිඳාණෙනි දැන් පොඩියක් ඉන්ටකෝ
අපගේ පිය තවුසා හට -
කියලා මං ඔහු කැඳවාගෙන එන්නම්

එතකොට ප්‍රීතියට පත් රජ්ජුරුවෝ දුවගෙන තවුසා ළඟට ගියා. "තවුසාණෙනි, තවුසාණෙනි, ඔබේ දූ කුමාරිගේ නම ආසංකා නේද?" "හරි... මහරජ... එහෙනම් දැන් එක්කරගෙන යන්ට."

එතකොට ආසංකා කුමාරි ළඟට ඇවිත් රජ්ජුරුවෝ මෙහෙම කිව්වා. "සොඳුරී... ඔයාගේ පියාගෙන් අද මට ඔයාව ලැබුණා. එහෙනම් අපි යං." ආසංකා කුමාරි ගිහින් පිය තවුසාණන්ගේ දෙපා වැඳ හඬ හඬා තවුසාගෙන් සමාව ගෙන රජ්ජුරුවොත් එක්ක පිටත්ව ගියා. බෝධිසත්වයෝ නොපිරිහුණු ධ්‍යානයෙන් යුතුව ජීවිතය ගෙවා මරණින් මතු බඹලොව උපන්නා."

මෙය වදාළ අපගේ භාග්‍යවතුන් වහන්සේ සසරේ භයානකකම දක්වමින්, කාමයේ දොස් දක්වමින් චතුරාර්ය සත්‍ය ධර්මය වදාළා. ඒ දේශනාව අවසානයේ සිවුරු හැරයන්ට සිතා සිටි භික්ෂුව සෝවාන් ඵලයට පත් වුණා.

"මහණෙනි, එදා ආසංකා කුමාරි වෙලා සිටියේ මේ භික්ෂුවගේ ගිහි කාලේ බිරිඳ. කාමය නිසා බොහෝ දුක් විඳි රජුව සිටියේ මේ භික්ෂුව. තාපසයා වෙලා සිටියේ මම" යි කියා භාග්‍යවතුන් වහන්සේ මේ ජාතකය නිමවා වදාළා.

06. මිගාලෝප ජාතකය

අකීකරුකම නිසා වැනසී ගිය ගිජුලිහිණියාගේ කතාව

පින්වතුනේ, පින්වත් දරුවනේ,

කියන අවවාදයට ඇහුම්කන් නොදී කටයුතු කිරීම නිසා අද වුණත් බොහෝ දෙනා කරදරේ වැටෙනවා. ඒ විතරක් නෙවි. ඒ අවවාදයට කීකරු නොවීම තමන් හට සසර පුරුද්දක් වශයෙන් ඉතුරු වෙනවා. මෙය එබඳු කතාවක්.

ඒ දිනවල අපගේ භාග්‍යවතුන් වහන්සේ වැඩ වාසය කළේ සැවැත්නුවර ජේතවනයේ. ඔය කාලේ සැවැත්නුවර සිටි තරුණයෙක් ඉතාමත් ශ්‍රද්ධාවෙන් බුදු සසුනේ පැවිදි වුණා. නමුත් ටිකක් කල් ගතවෙද්දී මේ භික්ෂුව තමන්ගේ හිතුමතේට වැඩ කරන්ට පටන් ගත්තා. කිසිම වැඩිහිටි භික්ෂුවකගේ අවවාදයට අවනත වුණේ නෑ. හරිම හිතුවක්කාර උනා. එතකොට භික්ෂූන් වහන්සේලා භාග්‍යවතුන් වහන්සේට මේ භික්ෂුව ගැන පැමිණිලි කළා. භාග්‍යවතුන් වහන්සේ ඒ භික්ෂුව කැඳවා මෙසේ අසා වදාළා.

"හැබෑද භික්ෂුව, ඔබ වැඩිහිටි භික්ෂූන්ගේ වචනයට ඇහුම්කන් නොදෙන දුර්වච කෙනෙක් ද?"

"එහෙමයි ස්වාමීනී."

"භික්ෂුව, ඔබ අකීකරු ව සිටියේ මේ ආත්මේ දැන් විතරක් නොවෙයි. ඔබ කලින් ආත්මෙකත් ඔය අකීකරුකම නමැති දුර්වලකම නිසා ම නුවණැත්තන්ගේ වචනයට ඇහුම්කන් දුන්නේ නෑ. එපා කියපු දේ කරන්ට ගොහින් උඩ ආකාසේ ඇති දරුණු සුළි සහිත වේරම්භවාතයට හසුවෙලා සුණු විසුණු වෙලා ගියා" කියා මේ අතීත කතාව ගෙනහැර දක්වා වදාළා.

"මහණෙනි, ගොඩාක් ඉස්සර කාලෙක බරණැස්පුරේ බ්‍රහ්මදත්ත නමින් රජ්ජුරු කෙනෙක් රාජ්‍ය විචාරමින් සිටියා. ඔය කාලේ මහාබෝධිසත්වයෝ ගිජුලිහිණි යෝනියේ උපන්නා. 'අපරණ්ණ ගිජුලිහිණියා' නමින් මහා ගිජුලිහිණි පිරිසක් සමඟ ගිජ්ඣකූට පර්වතේ වාසය කළා. ඔය අපරණ්ණ ගිජුලිහිණියාට මිගාලෝප නමින් මහා ශක්තිසම්පන්න ගිජුලිහිණි පුත්‍රයෙක් හිටියා.

මේ මිගාලෝප ගිජුලිහිණියා අනිත් ගිජුලිහිණියන්ට යා හැකි සීමාව ඉක්මවා ඉතා උඩ අහසේ පියාඹා නැගෙනවා. එතකොට අනිත් ගිජුලිහිණින් පිය ගිජුලිහිණියාට පැමිණිලි කළා. "ආං... ඔබේ පුත්‍රයා උඩ ආකහේ ඈතට උඩට නැගි නැගී යනවා. අපි එපා එපා කිව්වා. කොහේද... කිසි වගක් නෑ. උන්දෑ අපි කියන දේ අහන පුතෙක් නම් නොවෙයි. ඒකයි අපි මේ බැරිම තැන ඔහේට කියන්නේ. ඔය පුත්‍රයාව බේරගන්ට."

එතකොට මහගිජුලිහිණියා මිගාලෝපට කතා කළා. "ඒයි... මිගාලෝප... මෙහෙ වරෙං... පුතේ... උඹ මහා උඩ ආකහේ නැගි නැගී පියාඹා යනවා කියන්නේ. මිගාලෝප, මේ අසාපන්. කියන දේට කීකරු වෙයං.

ආයෙ උඹ ආකහේ උඩු අතට නැගි නැගී යන්ට එපා. උඩු අතට නැගි නැගී ඈතට ගියොත් ඉතුරු වෙන්නේ නෑ. විනාශ වෙනවා" කියා මේ ගාථාවන් පැවසුවා.

(1). මේ අහපං මිගාලෝප -
සිතට ගනිං වැඩිහිටියන්ගේ ඔවදන්
උඹ ඔය උඩ ආකාසේ -
නැගී නැගී බොහෝ ඈත පියඹා යාම
මං කැමති දෙයක් නං නොවේ -
ආයෙ උඩට යන්ට එපා
උඹ ඔය උඩු අහසේ සේවනය කරන්නේ -
තමන්ට හිමි තැන නොවේ

(2). උඩ අහසට නැගුන විට පුතේ -
හතරැස් කුඹුරක් වගේ
මේ පොළොව පෙනෙනවා -
එතකොට ඊට වඩා උඩට යාම
නවත්තපං පුතේ - ඉන් එහාට උඩට යන්ටෙපා

(3). පියාපත් යානා තිබෙනා -
අහසින් යන තව කුරුල්ලො ඉන්නවා
උනුත් උඩට යන්ට ගොහින් -
සුළගේ වේගෙට හසු වී මැරී ගියා පුතේ
අහස පොළව වගේ ඔවුන් -
දහස් වසර ආයු ඇතිව සිටියේ
ඉහළ අහසෙ යන්ට ගොහින් -
එබඳු කුරුල්ලෝ පවා මැරී ගියා පුතේ

පුතේ, හොඳට අසාපං. දැන් මේ කියූ සීමාව ඉක්මවා ගිය විට තියෙන්නේ කාලවාත තලයයි. එය විනිවිද ගියොත් හමුවෙන්නේ වේරම්භවාතය ඇති තැනයි.

ඒ නිසා යන්ට එපා" කියලා මහගිජුලිහිණියා කළ අවවාද මිගාලෝප ගණනකට ගත්තේ නෑ. දවසක් මිගාලෝප උඩු අහසට නැංගා. පොළොව පෙනුනා හතරැස් කුඹුරක් වගේ. එතකොට පියාගේ අවවාදය සිහිකළේ නෑ. ඊටත් ඉහළට ගියා. කාලවාතයත් විනිවිද ගිහින් වේරම්භවාතයට මුහුණ දී උඩට නැංගා. එතකොට ම වේරම්භ වා රැළි කැරකී ඇවිත් ගිජුලිහිණියාට පහර දුන්නා. ගිජුලිහිණියා කෑලිවලට කැඩී ගොස් අහසේ ම නොපෙනී ගියා.

මහණෙනි, එදා ගිජුලිහිණියාගේ අකීකරුකමින් ම යි ඔහු නැසුනේ කියා භාග්‍යවතුන් වහන්සේ මේ ගාථාවන් වදාළා.

(4). අපරණ්ණ නමැති වැඩිහිටි වූ -
පිය ගිජුලිහිණියාගේ බස පුතා කළේ නෑ
කාලවාතය පසුකොට උඩු අහසට නැංගා -
වේරම්භ වාතයේ වසඟයට හසුවුණා

(5). සිය පියාගෙ අවවාදය -
ගණනකට ගත්තෙ නැති නිසා
මිගාලෝප මරණයට පත් වුණා -
ඔහු නිසා ම යැපෙමින් සිටි
තමන්ගෙ අඹුදරු සැමත් -
මහ විපතට පත් වුණා

(6)

මේ අයුරින් ගුණ නුවණැති වැඩිහිටියන්ගේ -
අවවාද නොපිළිගන්නා අය
පෙන්නා දෙන සීමාවන් ඉක්මවා ගොහින් -
වැනසී ගිය ගිජුලිහිණිය සේ

බුදුරජුන්ගෙ අවවාදය නොපිළිපදින ශ්‍රාවකයෝ - හැමදෙනා ම වැනසී යනවා

මහණෙනි, එදා අවවාදයට ඇහුම්කන් නොදී එපා කියූ දේ කරන්ට ගොස් වැනසුණු මිගාලෝප වෙලා සිටියේ මේ අකීකරු භික්ෂුව. අපරණ්ණ ගිජුලිහිණියාව සිටියේ මම" යි කියා භාග්‍යවතුන් වහන්සේ මේ ජාතකය නිමවා වදාළා.

07. සිරිකාලකණ්ණි ජාතකය

ශ්‍රියා කාන්තාවත් කාලකණ්ණියත් ගැන කතාව

පින්වතුනේ, පින්වත් දරුවනේ,

ඒ දිනවල අපගේ භාග්‍යවතුන් වහන්සේ වැඩ වාසය කොට වදාළේ සැවැත්නුවර ජේතවනයේ. දවසක් දම්සභා මණ්ඩපයේ රැස්වූ භික්ෂූන් වහන්සේලා අනේපිඬු සිටාණන්ගේ ජීවිතය ගැන කතා කරමින් සිටියා.

"අනේ බලන්ට ඇවැත්නි, අපගේ අනේපිඬු සිටාණන්ගේ ජීවිතය හරිම ලස්සනයි නේද? සිටාණෝ සෝවාන් ඵලයට පත් වූ දා සිට ම නොකඩ කොට පන්සිල් ආරක්ෂා කරනවා. සිටු දේවියත් පන්සිල් රකිනවා. දරු පිරිසත් පන්සිල් රකිනවා. දැසිදස් කම්කරුවොත් පන්සිල් රකිනවා. ඒ කියන්නේ ඇවැත්නි, අනේපිඬු සිටාණන් තමාත් පිරිසිදුව ම සිට පිරිසිදු පිරිසක් සමඟ ජීවත් වෙනවා. හැබෑ ම සුන්දරයි නේද?" ඒ අවස්ථාවේ අපගේ භාග්‍යවතුන් වහන්සේ එතැනට වැඩම කොට වදාළා. භික්ෂූන් වහන්සේලා තමන් කතා කරමින් සිටි කරුණ භාග්‍යවතුන් වහන්සේට සැළකළා.

"මහණෙනි, දැන් විතරක් නොවේ, ඉස්සර කාලෙත්

නුවණැති පණ්ඩිතවරු තමාත් පිරිසිදුව පිරිසිදු පිරිවර සහිතව ඉඳලා තියෙනවා.

"අනේ ස්වාමීනී, ඉස්සරත් තමා පිරිසිදුව සිට පිරිසිදු පිරිවර ඇතිව සිටි නුවණැති පණ්ඩිතයන්ගේ කතාව කියාදෙන සේක්වා!" කියා භික්ෂූන් වහන්සේලා භාග්‍යවතුන් වහන්සේගෙන් ඉල්ලා සිටියා. භාග්‍යවතුන් වහන්සේ මේ අතීත කතාව ගෙනහැර දක්වා වදාළා.

"මහණෙනි, ගොඩාක් ඉස්සර කාලේ බරණැස්පුරේ බ්‍රහ්මදත්ත නමැති රජ්ජුරු කෙනෙක් රාජ්‍ය විචාරමින් සිටියා. ඔය කාලේ මහා බෝධිසත්වයෝ බරණැස සිටුවරයා වෙලා සිටියා. මේ බරණැස් සිටුතුමා නිතර දන් දෙනවා. සිල් රකිනවා. උපෝසථය රකිනවා. සිටු බිරිඳත් පන්සිල් රකිනවා. දූ දරුවොත්, දැසි දස් කම්කරුවොත් පන්සිල් රකිනවා. දවසක් සිටුතුමා මෙහෙම කල්පනා කළා. 'ඉදින් මාත් මගේ පිරිවරත් පිරිසිදු සිල් ඇති අය. මෙහෙට කවුරු හරි අමුත්තෙක් ආවොත් ඔවුන්ට මං වාඩිවෙන පුටුව දීම හෝ සැතපෙන සයනාසන දීම හෝ ගැලපෙන්නේ නෑ. අපි පරිහරණය නොකරන දෙයක් තමා දෙන්ට වටින්නේ.' එහෙම කල්පනා කොට තමන් පරිහරණය කරන ආසන ළඟ ම පැත්තකට වෙන්ට කවුරුවත් පාවිච්චි නොකළ පුටුවකුත්, ඇඳකුත් පණවා තිබ්බා.

ඔය කාලේ චාතුම්මහාරාජික දෙව්ලොව විරූපාක්ෂ දෙව්මහරජුගේ කාලකණ්ණී නමැති නාගකුලේ දියණියකුයි ධෘතරාෂ්ට්‍ර දෙව්මහරජුගේ ශ්‍රියා නමැති ගාන්ධර්ව කුලේ දියණියකුයි ගොඩාක් සුවඳ මල් ආදිය අරගෙන හිමාලයේ අනෝතත්ත විල්තෙරට විනෝද වෙන්ට ආවා.

ඔය අනෝතත්ත විලේ බොහෝ තොටුපලවල් තියෙනවා. බුදුවරුන්ගේ තොටුපළේ බුදුවරු විතරයි පැන්පහසු වෙන්නේ. පසේ බුදුවරුන්ගේ තොටුපලේ පසේබුදුවරු විතරයි පැන් පහසු වෙන්නේ. භික්ෂූන්ගේ තොටුපලේ භික්ෂූන් විතරයි පැන් පහසු වෙන්නේ. තාපසයන්ගේ තොටුපලේ තාපසයෝ විතරයි පැන්පහසු වෙන්නේ. ඒ වගේ ම චාතුම්මහාරාජික දෙවියන්ට වෙනම තොටක් තියෙනවා. අනිත් දිව්‍ය ලෝකවලටත් වෙනම පැන් තොටවල් තියෙනවා. ඒවායින් බැස ඒ ඒ දෙවිවරු ඇවිත් ස්නානය කරනවා. දෙව්දූන්ට වෙනම තොටුපළක් තියෙන්නේ. එතැනින් ස්නානය කරන්නේ දෙව්දූවරු විතරයි.

ඉතින් මේ දෙන්නා තොටුපළට ආවා. "හා... පෝඩ්ඩක් ඉන්ට. මම යි ඉස්සරවෙලා තොටුපළින් බැස නාන්නේ." "නෑ... ඔයා කොහොමෙයි එහෙම කරන්නේ? මම යි ඉස්සෙල්ලා ම නාන්නේ" කියලා මේ දෙන්නා සණ්ඩු අල්ලන්ට පටන්ගත්තා. එතකොට කාලකණ්ණි මෙහෙම කිව්වා. "නෑ... ඔහේ කොහොමෙයි මට ඉස්සරියෙන් දියට බසින්නේ. මං නොවැ ලෝක සත්වයාව පාලනය කරන්නේ. මං නොවැ සොයා බලන්නේ. ඒ නිසා මම යි මුලින් ම නාන්ට සුදුසු."

"නෑ... කාලී... ඔයා වැරදියි... මං නොවැ මිනිසුන්ට ඉසුරු සම්පත් දෙන්නේ. මං නොවැ යහපත් ප්‍රතිපදාවේ ඉන්නේ. ඒ නිසා මං තමයි මුලින් ම නාන්ට ඕනෑ."

මේ දෙන්නාට මේ කෝලාහලය සංසිඳුවාගන්ට බැරි වුණා. එතකොට ශ්‍රියා දෙව්දූ මෙහෙම කිව්වා. "හරි... එහෙනම් අපි අතරින් විල් දියට බසින්ට වඩාත් ම කව්ද

සුදුසු කියා දැනගන්ට සතරවරම් මහදෙව්රජුන් ළඟට යමු. උන්නාන්සේලා මේ ගැන දන්නවා නොවැ" කියා සතරවරම් දෙව්රජුන් ළඟට ගියා. අනෝතත්ත විලෙන් මුලින් ම නාන්ට සුදුසුකම් තියෙන්නේ දෙන්නාගෙන් කාටද කියා ඇසුවා."

එතකොට ධෘතරාෂ්ට්‍ර - විරූපාක්ෂ දෙව්මහරජවරු මෙහෙම කිව්වා. "ම්ම්... අපට මේ ගැන විනිශ්චයක් දෙන්ට බෑ. අපි මේ ගැන තීන්දුවක් දෙන්ට කියා විරූඪක, වෛශ්‍රවණ දෙව්රජවරුන්ට භාර දෙනවා."

"අනේ... මේ... අපටත් මේ දෙන්නාගේ කෝලාහලයට අතගහන්ට පුළුවන් කොමක් නෑ. අපි මේ දෙන්නාව සක්දෙව්මහරජුගේ පාමුලට යවමු" කියලා කාලියත්, ශ්‍රියාවත් සක්දෙව්රජු ළඟට පිටත් කළා. සක්දෙවිඳු දෙන්නාගේ ම පැමිණිලිවලට හොඳින් සවන් දුන්නා. මෙහෙම සිතුවා. 'මේ දෙන්නා ම මගේ පුරුෂයන්ගේ දූවරු නොවැ. ඒ නිසා මෙයාලාගේ නඩුව මං මැදිහත් වෙලා විසඳන එක හරි මදි' කියා සිතා ඔවුන්ට මෙහෙම කිව්වා. "දියණිවරුනි, දඹදිව බරණැස්පුරේ බරණැස් සිටාණෝ ඉන්නවා. උන්නැහේගේ නම පිරිසිදු පිරිවර ඇත්තා යන අරුත් ඇති 'සුචිපරිවාර' යන්නයි. ආං ඒ සිටුඋන්නැහේගේ ගෙදර නොඉඳුල් කව්ච්චියකුයි, නොඉඳුල් ඇඳකුයි පණවා තියෙනවා. ඇහැකි නම් ඔය දෙන්නාගෙන් කෙනෙක් ගොහින් පළමුවෙන් ම වාඩිවෙන්ට හෝ සැතපෙන්ට අවස්ථාවක් ගන්ට. එයාට අනෝතත්ත විලෙන් ඉස්සෙල්ලා ම නාන්ට පුළුවනි" කියලයි මං කියන්නේ.

සක්දෙවිඳුගෙන් මෙය ඇසූ ගමන් කාලකණ්ණි

සැණෙකින් ම නිල්වතින් සැරසුණා. නිල්පාට වත්සුනු තවරාගත්තා. නිල් මැණික් නිල් අබරණවලින් සැරසුණා. යන්ත්‍ර ගලකින් බසිනවා වගේ දෙව්ලොවින් බැස්සා. රෑ මැදියමේ සිටුතුමාගේ නිවසේ සිටුතුමාගේ සයනට නුදුරින් නිල් රශ්මිධාරා විහිදුවමින් අහසේ පෙනී සිටියා. සිටුතුමා හිස ඔසොවා බැලුවා. ඇයගේ දැක්ම දුටු පමණින් ම සිටුතුමාට මහත් අප්‍රසන්න අපුලක් ඇතිවුණා. ඈ සමඟ කතා කරමින් සිටුතුමා මේ පළමු ගාථාව පැවසුවා.

(1)

හපොයි හපොයි මොකදෑ මේ කලුවත් හැඳගෙන -
බලන්ට ආසාවක් ඇතිවෙන්නෑ
කවුදෝ මේ තැනැත්තී, කාගේ දුවක් දෝ තී -
කොහොමෙයි අපි එය දැනගන්නේ

එතකොට කාලකණ්ණිය මේ ගාථාවෙන් පිළිතුරු දුන්නා.

(2)

විරූපාක්ෂ දෙව්මහරජුගේ දියණිය වූ මට -
ක්‍රෝධය නිසා ම චණ්ඩී කියා කියයි
මම කාලී වෙමි, වාසනාව නැති මා ගැන -
කාලකණ්ණිය කියා කියයි
එම්බා සිටුවර, තොප පණවා ඇති -
මේ නොඉඳුල් අසුනේ එක් රැයක්
ඉන්ට අවසරය දෙනු මැන -
එවිට අපි වසනෙමු තොප ළඟ

කාලකණ්ණිගේ ගාථාව ඇසූ සිටුවරයා මේ ගාථාව පැවසුවා.

(3)

එම්බා කාලී, එහෙනම් කියන්ට මා හට -
මොනවා ද සිල් ගුණ තොපගේ
කුමන ගතිගුණ තිබෙන පුරුෂයෙකුගේ -
ළඟ ද තී වසන්නේ
මා විසින් අසන මෙය - දැන් ගන්නේ කොහොමෙයි

එතකොට කාලකණ්ණිය තමන්ගේ ගතිගුණ මේ අයුරින් පවසා සිටියා.

(4)

යම් කෙනෙක් ලොවේ ගුණ මකයි ද අනුන්ගේ -
ගරහා දොස් කියයි ද අනුන්ට
කරයි ද එකටෙක, සිටී ද ඉරිසියාවෙන් -
අනුන්ට යමක් ලැබෙනවාට නොඉවසයි ද
මසුරුව මායාවෙන් කරයි ද කපටිකම් -
අනාචාරයෙ යෙදී නසා ගනී නම් වස්තුව
අන්න එබඳු පුරුෂයාට මං හරි ආසයි

(5)

පොඩි දේටත් වහා කිපෙනවා නම් -
වෛර බැඳගෙන පළිගන්නවා නම්
කේළාම් කියා සමඟිය නසනවා නම් -
පහත් වචන කියනවා නම්
සිතේ සතුට නසන වචන කියයි නම් -
එබඳු කෙනාට යි මං හරි ආසා

(6)

තමන්ගෙ දියුණුව උදෙසා -
අද කළ යුතු හෙට කළ යුතු දේ නොදනී නම්
අවවාද කළ විට -

ඒ ඔවදන් දුන් කෙනාට වෛර බඳී නම්
හැමට උඩින් සිටිය යුත්තෙ තමා කියා -
උඩඟු සිතින් සිටී නම්

(7)

කම් සැපයට ගිජු වී එයට ම වසඟ වෙලා නම් -
හැම මිතුරන්ගෙන් ඔහු පිරිහී යයි නම්
මේ අයටයි මං නම් හරි ආසා -
මේ අය ළඟ මං සතුටින් දුකක් නැතිව ඉන්නේ

කාළකණ්ණිගේ කතාව ඇසූ සිටුවරයාට ඈ ගැන මහා පිළිකුළක් හටගත්තා. ඇයට ගරහමින් බෝධිසත්වයෝ මේ ගාථාව පැවසුවා.

(8)

එම්බා කාලී... චී... චී... -
ඉතා ඉක්මනින් පලයං මෙතැනින්
තී ආසා කරන ඔවැනි පහත් දේ -
අපි ළඟ නම් දකින්ට නැත්තේ
වෙන ජනපදයකට හෝ නියම්ගමකට හෝ -
රටකට පලයාං

එතකොට උඩඟු සිතින් යුතු කාළකණ්ණි මේ ගාථාවෙන් පිළිතුරු දුන්නා.

(9)

ඔව් මං එය දන්නවා තමා සිටුවර -
තොප ළඟ මේ ගතිගුණ නෑ තමා
ලෝකේ පව්කාරයෝ ඕන තරම් ඉන්නවා -
ඒකුන් බොහෝ ධනය සොයනවා
මගේ සොයුරු තව දෙව්යෙක් ඉන්නවා -
එය යි මම යි ඒ හැම දෙන නසනවා

හනේ... මට මේ ඔහේගේ යහන් ඕන නෑ. මට ඕනෑ තරම් දිව්‍ය යහන් තියෙනවා. ඔහේගේ ආසන මට දුන්නත් එකයි, නැතත් එකයි. ඕවායින් මට ඇති වැඩක් නෑ" කියා කාලී නොපෙනී ගියා.

සුළු මොහොතකින් ඒ සිටු ගබඩාවේ ශ්‍රියාදේවී පෙනී සිටියා. ඈ රන්වන් වතක් හැඳගෙන, මල් ගවසාගෙන, රන් ආභරණ පැළඳ රන්වන් රැස් විහිදුවමින් සිටුවරයා ඉදිරියේ පොළොවේ පාද සමව තබාගෙන සිටගත්තා. ඇය දුටු බෝධිසත්වයෝ ඇගෙන් මෙහෙම ඇසුවා.

(10)

අලංකාර දෙව් සිරියෙන් බැබළී -
පොළොවේ පා තබා සිටිනා සොඳසේ
කව්දෝ තී, කාගේ දුවක් දෝ තී -
ඒ ගැන අපි දැනගන්නේ කොහොමෙයි

බෝධිසත්වයන්ගේ වචනයට ශ්‍රී දෙව් දූ මේ පිළිතුර දුන්නා.

(11)

පින් සිරියෙන් හොබනා ධෘතරාෂ්ට්‍ර දෙව්මහරජුගේ -
දියණිය වෙමි මම්
මට ශ්‍රී දේවී කියයි ලක්ෂ්මී ද කියයි -
මං මහ නැණවතියකී කියයි
පින්වත් සිටුවර ඔබ පණ්ඩවා ඇති -
මේ නොඉඳුල් අසුනේ එක් රැයක්
ඉන්ට අවසරය දෙනු මැන -
එවිට අපි වසනෙමු ඔබ ළඟ

ශ්‍රියාකාන්තාවගේ ගාථාව ඇසූ සිටුතුමා මේ ගාථාව පැවසුවා.

(12)

එම්බා ලක්ෂ්මී, එහෙනම් කියන්ට මා හට -
මොනවාද සිල්ගුණ තොපගේ
කුමන ගතිගුණ තිබෙන පුරුෂයෙකුගේ -
ළඟ ද තී වසන්නේ
මා විසින් අසන මෙය - දැනගන්නේ කොහොමෙයි

එතකොට ශ්‍රී කාන්තාව බෝධිසත්වයන්ට මේ ගාථාවන්ගෙන් පිළිතුරු දුන්නා.

(13). යමෙක් සීතල රස්නෙ මැඩගෙන -
අවු සුළං මැසි මදුරුවන් මැද
සර්ප පීඩා බඩගිනි පිපාසා -
මෙහැම දේ ගණනකට නොමගෙන
දවල් රෑ නිරතුරුව වෙහෙසී -
තමන් කරනා වැඩට කැපවී
යමක් කළ යුතු නිසි කාලයෙහි -
ඒ වැඩය මැනවින් ම කරනා
තම යහපත අත්නොහරිනා කෙනා -
ඔහුට ම යි මං ආසා
ඔහු ළඟයි මං නැවතිලා ඉන්නේ

(14). යමෙක් තරහ නොගනී නම් -
මිතුරන් හට සලකයි නම්
ලෝභ නැතිව දන් දෙයි නම් -
සිල් ගුණයෙන් යුතු වෙයි නම්
කපටි වැඩක් නොකරයි නම් -
ඍජු ගුණයෙන් යුතු වෙයි නම්
හැම දෙනාට සලකයි නම් -
මොළොක් මිහිරි බස් ඇත්නම්

බලවත් වුණත් යස ඉසුරින් තනතුරින් -
නිහතමානී වෙයි නම්

(15). සුවිසල් දිය රැළි නැගී එන විට -
මුහුදේ ලස්සන පෙනෙනා සේ
එවැනි පුරුෂයා ළඟ මං -
විශාල වෙමින් පෙනී සිටිමි
තමන්ට මිතුරුව සිටිනා අයටත් -
තමන්ගෙ සතුරන්ටත්
තමාට වඩා උසස් අයටත් -
සමාන වූ හෝ පහත් අයටත්

(16). තමාට යහපත කළ අයටත් - වරදක් කළ අයටත්
එළිපිටදීත් පුද්ගලිකවත් -
දන්, සිල්, ප්‍රිය වදනින්, අර්ථ චරියාවෙන්
හොඳින් සංග්‍රහ කරයි නම් -
කිසිදා නපුරු වදනක් නොකියයි නම්
උන්නත් මළත් ඒ කෙනා -
ඔහු ළඟයි මං ඉන්නේ සදා

(17). යම් අනුවණයෙක් මේ කියූ සම්පත්වලින් -
කිසිවකින් සැප ලබාගෙන
ඒවා නැවත ලබාගන්නට -
යහපතේ නොහැසිරේ නම්
ලැබූ දෙයෙහි අගය නොදකින -
උඩගුව පවෙහි හැසිරෙන කෙනා
වැසිකිළි වළක් සේ පෙනේ මට -
මං ඔහුගෙන් ඈතටම යමි

(18)

තමන්ගේ වාසනාව තමා ම යි උදාකරගන්නේ
තමන්ගේ අවාසනාවත් තමා ම යි උදාකරගන්නේ
වාසනාවත් අවාසනාවත් -
කෙනෙක් තවෙකෙකුට නෑ කරන්නේ

ශ්‍රී කාන්තාවගේ මේ වදන් ඇසූ බෝධිසත්වයෝ ගොඩාක් සතුටු වුණා. ඇගේ අදහස් ඉතා යහපත් බව පිළිගත්තා. "භවතී... ශ්‍රී දේවී... මහා ලක්ෂ්මී, තිට මේ නොඉඳුල් සයනයත්, කවිච්චියත් ඒකාන්තයෙන් ම සුදුසු යි. පින්වතී... මෙහි ඇඳි ගන්ට. මේ සයනේ සැතැපෙන්ට" කියා සිටුතුමා ඇයට ආගන්තුක සංග්‍රහ පැවැත්තුවා. එතකොට ශ්‍රී දේවිය සිටු නිවසේ නොඉඳුල් යහනේ එදා රාත්‍රිය ගතකොට හිමිදිරියේ නොපෙනී ගියා. චාතුම්මහාරාජික දෙව්ලොව ගොහින් අනෝතත්ත විලෙන් ඇ තමයි පළමුව ස්නානය කළේ. ඇය සැතපුන යහනට සිරිදෙව්දූ පරිහරණය කළ නිසා 'සිරි යහන' යන නම ලැබුනා. 'සිරි යහන' යන නම මේ විදිහටයි අද දක්වා ව්‍යවහාර වන්නේ.

මහණෙනි, එදා ධ්‍රැතරාෂ්ට්‍ර දෙව්රජුගේ දියණියව සිටි ශ්‍රී කාන්තාව වී සිටියේ අපගේ උප්පලවණ්ණාවෝ. සුචිපරිවාර සිටුවරයාව සිටියේ මම" යි කියා භාග්‍යවතුන් වහන්සේ මේ ජාතකය නිමවා වදාළා.

08. කුක්කුට ජාතකය

බැළලියගේ වංචාකාරී බස්වලට නොරැවටුණු කුකුළාගේ කතාව

පින්වතුනේ, පින්වත් දරුවනේ,

අපගේ භාග්‍යවතුන් වහන්සේ මේ බුදුසසුන පිහිටුවා වදාළේ රාග - ද්වේෂ - මෝහ යන මේ කෙලෙසුන්ගෙන් සිත් නිදහස් කරවා, සසර සැරිසරා යන දුකින් සත්වයාව බේරා අමානිවනට පමුණුවාලීමට යි. මේ උතුම් අදහසට කැප වූ ශ්‍රාවක භික්ෂූන්ට බොහෝ සෙයින් ම කාන්තාවන්ගෙන් අනතුරු වුණා. අනතුරු වුණාය කියන්නේ ඒ කාන්තාවන් හා බැඳී ගොස් උතුම් බඹසර අත්හැර යළිත් ගිහි ජීවිතයක් පටන් ගැනීම යි. එයින් සිදුවන්නේ තමන්ට සසරින් නිදහස් වීමට තිබෙනා අතිශයින් ම දුර්ලභ අවස්ථාව වන ක්ෂණ සම්පත්තිය අහිමි වීම යි. සසරේ ඇති බිහිසුණු බව හොඳාකාරව ම දන්නා අපගේ භාග්‍යවතුන් වහන්සේ තම ශ්‍රාවක භික්ෂූන් රාගය නමැති මාරතොණ්ඩුවෙන් නිදහස් කිරීම පිණිස සිහිනුවණ උපදවා දෙන සේක. මෙය එබඳු කතාවක්.

ඒ දිනවල අපගේ භාග්‍යවතුන් වහන්සේ වැඩ වාසය කොට වදාළේ සැවැත්නුවර ජේතවනයේ. ඔය කාලේ සැවැත්නුවර සිටි තරුණයෙක් ඉතාමත් ශ්‍රද්ධාවෙන්

ගෞතම බුදු සසුනේ පැවිදි වුණා. දවසක් මේ භික්ෂුව පිඬු සිඟා යද්දී ඉතා අලංකාර ලෙස හැඳ පැළඳ සිටි ස්ත්‍රියක් හඬ නගා සිනාසෙමින් සිටියා. ඒ සිනා හඬ අසා හිස ඔසොවා බලන විටදී දුටුවේ අර ස්ත්‍රියයි. ස්ත්‍රියත් භික්ෂුව දෙස බලා සිටියා. මේ දර්ශනය ඒ භික්ෂුවගේ සිතට වැදුණා. නුවණින් විමසා ඒ සඤ්ඤාව දුරුකර දැමීම වෙනුවට මේ භික්ෂුව කළේ තව තවත් එය මෙනෙහි කරමින් අයෝනිසෝ මනසිකාරයේ යෙදීම යි. අන්තිමේදී මොහුට මහා පීඩාවක් ඇති වුණා. සිතේ සතුට නැති වී අරතිය ඇතිවෙන්ට පටන් ගත්තා. සිවුරු හැර යන්ට තරමට ම සිත නැමී ගියා.

මේ භික්ෂුව ගිහිවෙන අදහසින් ඉන්නා බව දැනගත් වැඩිහිටි භික්ෂූන් වහන්සේලා මොහුව භාග්‍යවතුන් වහන්සේ වෙත කැඳවාගෙන ගියා. කරුණු දැනගත් භාග්‍යවතුන් වහන්සේ ඒ භික්ෂුවගෙන් මෙසේ අසා වදාළා.

"එතකොට භික්ෂුව, ඇයි ඔබට සිවුරු හැර යන්ට සිතෙන තරමට ම සිත කළකිරුණේ?"

"අනේ ස්වාමීනී, මගේ ම යි වැරැද්ද. මං දවසක් ස්ත්‍රී රූපයක් දැක්කා. ඒ රූපය දැක්ක වෙලාවේ ඉඳන් තමා මේ සේරම විපැත්ති."

"භික්ෂුව, ඔය ස්ත්‍රීන්ගේ හැටි නොවැ. ස්ත්‍රීන් කියන්නේ තමන් කැමති කෙනාව වංචාවෙන් පොළොඹවා ගන්නා අය. ඔවුන්ගේ වසඟයට පත් වුණාට පස්සේ ඔවුන් නිසා ම විනාශ වෙලා යනවා. මසට ආසා කළ බැළලී වගේ තමයි."

එතකොට ඒ භික්ෂුව මාංශලෝලී බැළලියගේ

කතාව කියාදෙන්ට කියා භාග්‍යවතුන් වහන්සේගෙන් ඉල්ලා සිටියා. භාග්‍යවතුන් වහන්සේ මේ අතීත කතාව ගෙනහැර දක්වා වදාළා.

"මහණෙනි, ගොඩාක් ඉස්සර කාලෙ බරණැස්පුරේ බ්‍රහ්මදත්ත නම් රජ්ජුරු කෙනෙක් රාජ්‍ය විචාරමින් සිටියා. ඔය කාලේ මහා බෝධිසත්වයෝ වනාන්තරේ කුකුළෙක් වෙලා උපන්නා. නොයෙක් සිය ගණන් කුකුල් පිරිසත් එක්කයි වනාන්තරේ වාසය කළේ. මේ කුකුළන් ඉන්නා තැනට නුදුරින් එක්තරා බැළලියක් වාසය කළා. මේ බැළලී නොයෙක් උපායන් කොට බෝධිසත්වයෝ හැර අනිත් ඔක්කෝම කුකුළන්ව මරාගෙන කෑවා.

බෝධිසත්වයන්ව තමන්ගේ ග්‍රහණයට ගන්ට බැරි වීම ගැන මේ බැළලී හරි කේන්තියෙන් හිටියේ. 'හහ්... අර කුකුල් නාම්බා මහා ඇම්බැට්ටයෙක්. මං අනිත් එවුන් හැමෝම රවට්ටාගෙන කෑවා. මේකා මහා අමාරුකාරයා. හැබැයි පුතෝ... දැනගිය... මාත් කට්ට එකියක්. මයෙ කට්ටකම් ගැන තෝ දන්නෑ. හහ්... හරි... මං... මේකාගේ බිරිඳ වෙන්ට කැමැතිය කියා යාප්පුවෙන් ළං වෙන්ට ඕනෑ' කියලා සිතලා දවසක් හෙමිහිට කුකුළා ලැග ඉන්න ගහ මුලට ගිහින් කුකුළා දිහා බලාගෙන කුකුළාට ප්‍රශංසා කරමින් මේ ගාථාව කිව්වා.

(1). **ලස්සන පියාපතින් හැඩවැඩ වී ඉන්නා**
තඹ පැහැ කරමලින් යුතුව ඉන්නා
අහස් ගමන් ඇති සුරතල් කුකුළෝ
අනේ මෙයා බහින්ටකෝ ඔයා -
ඔය ගස අත්තෙන් බිමට
මට ඔයාගෙ බිරිඳ වෙන්ට ඕනෑ

එතකොට බෝධිසත්ව කුකුළා අත්තේ සිට පහළ බලද්දි බැළලී ඉන්නවා ගස පාමුල උඩ බලාගෙන. 'හෑ... මේකි... පරට්ටි... මේකි මයෙ ඔක්කෝම ඤාතීන්ව කා දමලා දැන් එනවා උප්පරවැට්ටියෙන් මාවත් රවටාගෙන කන්ට... නිදකිං තී...' කියා සිතා මේ ගාථාවෙන් පිළිතුරු දුන්නා.

(2)

අනේ සුන්දරී, තී පා සතරක එකියක් -
ලස්සනියේ, මට තියෙන්නේ පාද දෙකයි නේ
සිව්පාවියක් කුරුල්ලෙක් එක්ක හාද වී -
පවුල් කෑ වගක් අපි නම් දන්නැතේ
තිට ගැලපෙන වෙන මිනිහෙක් සොයා ගනිං

එතකොට බැළලී මෙහෙම සිතුවා. 'යකොඩෝ... මේකාගේ කට්ටකොම...! මේකා මුලා කොරන එක ලේසි නෑ වගෙයි. කමෙක් නෑ... තවත් උත්සාහයක් ගම්මුකෝ...' කියලා සිතා මේ ගාථාව පැවසුවා.

(3). එහෙම කියන්ටෙපා අනේ -
මං ඔයාගෙ කුමරි බිරිඳ වෙන්නම්
මිහිරි තොදොල් බස් දොඩා -
ඔයාගෙ හද පුබුදු කරන්නම්
මගෙන් ලැබෙන සොඳුරු පහස -
ලබන්ටකො අනේ ඔයා
ඔයාට හැම දේ කරනා -
දාසි බිරිඳ වෙන්නම් මං

එතකොට බෝධිසත්වයෝ 'හෝ... හෝ... මේකි ඕනෑවට වඩා ඇවිස්සීගෙන එනවා වගේ... දැන් ම

තර්ජනය කොට එළවා දමන්ට ඕනෑ' කියා සිතා මේ ගාථාව කිව්වා.

(3). එම්බල කුකුල් පැටව් කන පරට්ටී -
මළකුණුවල ලේ බොන යස්සනී
කුකුළන් මරා කන හෙර -
මං තිගෙ මායා දන්නවා
මයෙ බිරිඳ වෙලා ඉන්ට නොවේ -
තී මා වෙත එන්ට හදන්නේ
තී මාව කන්ට මාන බලනවා -
දැන් පල මෙතැනිං යන්ට මයෙ හැතිරී

එතකොට බැළලී හොඳටෝම භය වුණා. ඈ එතැන නොසිට ඈතට පලා ගියා. එදායින් පස්සේ කවරදාකවත් ඒ පැත්තවත් බලන්ට ඇගේ සිතට හයියක් ආවේ නෑ." මෙසේ වදාළ භාග්‍යවතුන් වහන්සේ මේ ගාථාවන් වදාළා.

(4). කපටි ළඳුන් ඔය විදිහට -
උතුම් පුරුෂයන් දුටු විට
නොයෙක් තොදොල් බස් දොඩමින් -
පුරුෂයන්ව වසඟ කරනවා
කුකුළන් රවටා ඩැහැගත් -
බැළලිය ලෙස හැසිරෙනවා

(5)

තමන් ඉදිරියේ සැඟවී - තිබෙනා අනතුර සැණෙකින්
වටහ ගන්ට දක්ෂ නොවේ නම් යමෙක්
ඔහු නොදැනිම සතුරන්ගේ වසඟෙට යනවා
පසුතැවෙමින් ඒ ගැන - පසුවට දුක් වෙනවා

(6)

තමන් ඉදිරියේ සැඟවී - තිබෙනා අනතුර සැණෙකින්
වටහ ගන්ට දක්ෂ කෙනා - අනතුරින් මිදෙනවා
උපාය යොදවා කුකුළා - බැළලියගෙන් ගැලවුණු ලෙස
සතුරන්ගේ පීඩාවෙන් - නිදහස් වෙනවා

මහණෙනි, බඹසරට ඇති සතුරා ස්ත්‍රියයි. ස්ත්‍රිය තමන්ගේ බඹසරට මහත් අනතුරක් බව වටහාගත් නුවණැති භික්ෂුව තමන්ට ස්ත්‍රිය නිසා අනාගතේ වෙන්ට තියෙන සියලු දුක්වලින් නිදහස් වෙනවා." මෙසේ වදාළ භාග්‍යවතුන් වහන්සේ චතුරාර්ය සත්‍ය ධර්මය වදාළා. ඒ ධර්ම දේශනාව අවසානයේ සිවුරු හැර යන්ට සිතා සිටි භික්ෂුව සෝවාන් ඵලයට පත් වුණා. "මහණෙනි, එදා කුකුළු රාජයාව සිටියේ මම" යි කියා භාග්‍යවතුන් වහන්සේ මේ ජාතකය නිමවා වදාළා.

09. ධම්මධජ ජාතකය

බණ කියා රවටා පක්ෂීන්ගේ බිත්තර කෑ කපුටාගේ කතාව

පින්වතුනේ, පින්වත් දරුවනේ,

කටින් විතරක් සුචරිතය ගැන බොරුවට කතා කරන අය ලෝකයේ බොහෝ ඉන්නවා. ඔවුන් කතා කරන විට අසාගෙන ඉන්නා අයට සිතෙන්නේ ඔවුන් මහා අවංක, අන්‍යයන්ගේ යහපත කැමති, ඉතාම විශ්වාසවන්ත උදවිය කියලයි. නමුත් ඔවුන් ක්‍රියාවෙන් ඊට හාත්පසින් ම වෙනස්. ඔවුන් දුස්සීලයි. මායාකාරියි. ආත්මාර්ථකාමීයි. අකාරුණිකයි. දුෂ්ටයි. ඔවුන් ඒ හැම මායාකාරී කතාවක් ම කරන්නේ තමන්ට යමක් කරගන්ට මිසක් අනුන්ට හිතවත් ව නොවේ. මේ බව නොදන්නා අවංක අය හරියට මොවුන්ට හසුවෙනවා. මොවුන් නිසා නොයෙකුත් දුක් කරදරවලට වැටෙනවා. මේ එබඳු කතාවක්.

ඒ දිනවල අපගේ භාග්‍යවතුන් වහන්සේ වැඩ වාසය කොට වදාළේ සැවැත් නුවර ජේතවනයේ. ඔය කාලේ සැවැත් නුවර එක්තරා කපටි භික්ෂුවක් සිටියා. ඔහු තමන් මහා ධර්මධරයෙක් හැටියට හුවා දක්වා ගන්නවා. මහා සිල්වතෙක් හැටියට පෙනී හිටියා. නමුත් මොහු ඒ දේවල් කළේ තමන්ගේ ජීවිකාව පිණිසයි. මෙය දැනගත් භික්ෂූන් වහන්සේලා මොහු අකැමැත්තෙන් සිටියදී භාග්‍යවතුන්

වහන්සේ වෙත කැඳවාගෙන ගොස් මොහුගේ කුහක බව ගැන සැලකළා. එතකොට භාග්‍යවතුන් වහන්සේ "මහණෙනි, මේ භික්ෂුව කුහකකමින් ජීවත් වුණේ මේ ආත්මේ විතරක් නොවෙයි. කලින් ආත්මෙත් කුහකයෙක්" කියා මේ අතීත කතාව ගෙනහැර දක්වා වදාළා.

"මහණෙනි, ගොඩාක් ඉස්සර කාලෙක බරණැස්පුරේ බ්‍රහ්මදත්ත නමින් රජ්ජුරු කෙනෙක් රාජ්‍ය විචාරමින් සිටියා. ඔය කාලේ මහා බෝධිසත්වයෝ පක්ෂියෝනියේ ඉපදිලා උන්නා. තවත් පක්ෂීන් රැනක් පිරිවරාගෙන මුහුද මැද දූපතක වාසය කළා.

දවසක් බරණැස කසී රටේ වාසය කළ වෙළඳ සමූහයක් දිසාවන් හඳුනාගන්ට පුහුණු කළ කපුටෙකුත් රැගෙන නැව් නැග මුහුදු ගමනක් පිටත් වුණා. මුහුද මැද්දේ නැව කුණාටුවකට හසු වී බිඳී ගියා. එතකොට ඒ කපුටා අර කුරුල්ලන්ගේ දූපතට පියාඹා ගියා. ඒ දූපතේ පක්ෂීන් මහත් රාශියක් ඉන්නවා දැක්කා. ඔවුන්ගේ බිත්තරත් දැක්කා. දැකලා කපුටා මෙහෙම සිතුවා. 'ෂාහ්... හරි අගෙයි නොවැ. මේ තියෙන්නේ ඕනෑ තරම් කෑම්බීම්. බිත්තරත් තියෙනවා. පැටවුත් ඉන්නවා. මට කරන්ට තියෙන්නේ මහා ගුණවතෙක් වගේ පෙනී ඉඳලා බණ ම කියලා මේකුන්ව රවටා ගන්න එකයි. ඊට පස්සේ වැඩේ හරි... හිහ්... හී...' කියා සිතා මේ කපුටා පක්ෂීන් අතරට පාත් වුණා.

තමන්ගේ කට ඇරගත්තා. තනි පාදයෙන් සිටගත්තා. එතකොට අනිත් පක්ෂීන් පුදුම වෙලා කපුටාව වට කරගත්තා. "හානේ ස්වාමී... කව්ද ඔයා?" කියා පක්ෂීන් කපුටාගෙන් ඇසුවා.

"මට කියන්නේ 'දැහැමි තැනැත්තා' කියලයි."

"අනේ ඇයි ඔයා තනි පාදයෙන් සිටගෙන ඉන්නේ?"

"පින්වත්නි, මගෙ දෙපා ම මහපොළොවේ තිබ්බොත් ඒක මහපොළොවට උසුලාගන්ට බැරි මහා බරපතල දෙයක් වෙනවා."

"ඕ... හෝ... එහෙමද! එතකොට ඇයි ඔයා කට ඇරගෙන ඉන්නේ?"

"මං ප්‍රතිපත්තියක් හැටියට වෙනත් කිසිම ආහාරයක් අනුභව කරන්නෑ. හුළං පමණයි ආහාරයට ගන්නේ. ඒ වගේ ම මං ඔහේලාටත් අවවාදයක් කොරන්ට මනාපයි. ඒක හොඳට අසා දැන කියාගන්ට ඕනෑ ඕං" කියලා කපුටා මේ ගාථාව පැවසුවා.

(1). අනේ මගේ නෑදෑයෙනි -
දහමේ ම යි හැසිරෙන්නට ඕනෑ
දහමේ හැසිරීම නිසා ඔයාලාට -
සෙත ම යි සැලසෙන්නේ
ඔයාලා දන්නවා ද නෑදෑයෙනි -
දහමේ හැසිරෙන කෙනා
මෙලොවදී ත් පරලොවදි ත් -
සැපසේ ම යි ඉන්නේ

මේ කපුටාගේ බස් ඇසූ පක්ෂීන් එයට වශී වුනා. ඔවුන් හිතුවේ මේ ඉතාම යහපත් කෙනෙක් කියලයි. ඔවුන් මේ ගාථාවෙන් කපුටාට ප්‍රශංසා කරන්ට පටන් ගත්තා.

(2). සත්තකින් ම මේ අලුතින් ආ පක්ෂියා -
ඉතාම හොඳ කෙනෙක් වගෙයි
පරම ධාර්මිකයි අපේ අලුත් පක්ෂියා -

තනි පාදයකින් සිටගෙන අනේ අපේ යහපත උදෙසා - ලාස්සනට බණත් කියනවා

එතකොට පක්ෂීන් ඒ දුසිල් කපුටාව සම්පූර්ණයෙන් ම විශ්වාස කොට මෙහෙම කිව්වා. "අනේ... ස්වාමී... ඔයා වෙනත් දෙයක් ආහාරයකට නොගෙන හුළං බිබී ඉන්න එක අපට නම් පුදුමයි. අනේ එහෙනම් ඔයා අපේ බිත්තරත්, මේ සිඟිති පැටවුන්වත් හොඳින් බලාගන්නවැයි? අපි ගොහින් ගොදුරු සොයාගෙන එන්නම්."

"මම්... ඔයාලා උදව්වක් ඉල්ලනකොට අපි වගේ අය තමයි ඔයාලාට පිහිට වෙන්නේ. හොඳා... බොහෝම හොඳා!"

ඉතින් පක්ෂීන් ගොදුරු සොයන්ට ගියාට පස්සේ පව්කාර කපුටා කුරුළු බිත්තරත්, කුරුළු පැටවුන්වත් කුස පුරා කෑවා. පක්ෂීන් එන වෙලාවට ආයෙමත් කට ඇරගෙන තනි පයින් සිටගෙන ශාන්ත ලීලාවෙන් සිටියා. පක්ෂීන් ඇවිත් තමන්ගේ දරුවන් නොදැක "කව්ද අපේ දරුවන් කෑවේ?" කිය කියා මහා හඬින් කෑ ගසන්ට පටන් ගත්තා. 'මේ කපුටා ධාර්මික තැනැත්තෙක් ය' කියා විශ්වාස කළ නිසා කපුටා ගැන කවුරුවත් සැක මාත්‍රයක් ඇතිකර ගත්තේ නෑ.

දවසක් බෝධිසත්වයෝ මේ ගැන කල්පනා කරන්ට පටන් ගත්තා. 'මීට කලින් කවරදාකවත් අපට මෙහෙම කරදරයක් තිබුනේ නෑ. මේ කපුටා ආ දා පටන් තමා මේ සෑම විපතක් ම වෙන්නේ. මං කෝකටත් මේ ගැන විමසා බලන්ට ඕනෑ' කියලා එදා බෝසත් පක්ෂියා අනිත්

පක්ෂීන් සමඟ ගොදුරු සොයා යන ව්‍යාජයෙන් පිටත්ව ඉගිලී ගියා. හොරෙන් ම ආපසු ඇවිත් සැඟවී කපුටා දෙස බලා සිටියා. කපුටා දැන් කුරුල්ලෝ ගොදුරු සොයන්ට ගොහින් නොවැ කියා සැකයක් නැතිව හුන් තැනින් නැගිට්ටා. තටු ගසා දැම්මා. කුරුළු බිත්තරයි, කුරුළු පැටවුන්වයි කාගෙන කාගෙන ගියා. බඩ පුරවාගෙන ඇවිත් කලින් වගේ ම කටත් ඇරගෙන තනි පාදයකින් සිටගෙන සිටියා.

කුරුල්ලෝ ආවාට පස්සේ කුරුළු රාජයා ඒ ඔක්කෝම පක්ෂීන්ව රැස් කෙරෙව්වා. "මිත්‍රවරුනි, මං අද අපගේ දරුවන්ට සිදුවෙන විපැත්තියේ සුළමුල සොයාගන්ට ඕනෑය යන අදහසින් ගොදුරු පිණිස නොගිහින් සැඟවී බලා සිටියා. වෙන කව්රුත් නොවේ මේ විනාශය කොරන්නේ. අපට ම බණ කිය කියා අපව පහදාගෙන ඉන්නා මේ තක්කඩි කපුටා අපේ දරුවන් කනවා මයෙ දෑහින් දැක්කා. වරෙල්ලා මිත්‍රවරුනි... ඔය පව්ටු කපුටාව අපි අද ම අල්ලා ගමු. ඕකාට පැනලා යන්ට දෙන්ට එපා" කියා මේ ගාථාවන් පැවසුවා.

(3)

මේ ජඩ කපුටාගේ සිල් මොනවාද කියා -
ඔහේලා දන්නේ නෑ
මේකාගේ ගතිගුණ නොදැනයි මේකට -
මෙතුවක් කල් පසසා සිටියේ
බිත්තරත් පැටවුනුත් කා දමමින් මූ -
ධර්මය ධර්මය කියා කියයි

(4)

මේ තක්කඩියා වචනයෙන් අනිකක් කියයි -
වෙනත් දෙයක් කයින් කරයි

මුගේ බණ කීම නිකම් කීමක් විතරයි -
කයෙන් පිහිටා ඇති දෙයක් නොවේ

(5)

මූ වචනයෙන් නම් හරි මොළොක් -
සිතින් සිතනා දේ සොයාගන්නට බෑ
කළු නයා ගුළේ සැඟවී සිටිනා සේ -
මේකා හැබෑ ගති සඟවා සිටින්නේ
ධර්මය ධජය කොට ගත්තෙකැයි මූ ගැන -
ගම් නියම්ගම්වල හොඳ ම යි කියන්නේ
අනුවණ කෙනෙකුට නම් -
මේකාගේ හැටි දැනගන්නට බෑ

(6)

කුරුල්ලනි තොපි ඇවිත් දැන් -
හොටිනුත් පියාපත්වලිනුත්
පාවලිනුත් මේ ජඩ කපුටාට පහර දෙව්
නසා දමව් මේ ජඩයා -
මෙවැනි නීචයෙක් හා ඇයි හොඳයි ඕනෑ නෑ

මෙහෙම කියලා කුරුළු රාජයා තමන් ම ඇවිත් කුහක කපුටාගේ හිසට තුඩින් පහර දුන්නා. සියලුම පක්ෂීන් කපුටාට පැන යන්ට නොදී වටකරගෙන තුඩිනුත්, පියාපත්වලිනුත්, පාවලිනුත් පහර දුන්නා. කපුටා එතැන ම ජීවිතක්ෂයට පත් වුණා.

මහණෙනි, එදා කුහක කපුටා වෙලා සිටියේ දැන් මේ කුහක භික්ෂුව. පක්ෂි රාජයාව සිටියේ මම" යි කියා භාග්‍යවතුන් වහන්සේ මේ ජාතකය නිමවා වදාළා.

10. නන්දියමිග ජාතකය

දිවි පුදා මව්පියන්ට සැලකූ මුවාගේ කතාව

පින්වතුනේ, පින්වත් දරුවනේ,

දෙමාපියන්ට සැලකීම අපගේ භාග්‍යවතුන් වහන්සේ ඉතාමත් ප්‍රශංසා කළ දෙයක්. මේ කතාවේ සඳහන් වන්නේත් දෙමාපියන්ට සැලකීම ගැනයි.

ඒ දිනවල අපගේ භාග්‍යවතුන් වහන්සේ වැඩ වාසය කොට වදාළේ සැවැත් නුවර ජේතවනයේ. ඔය කාලේ ඉතා ශ්‍රද්ධාවෙන් සැවැත් නුවර තරුණයෙක් උතුම් බුදු සසුනේ පැවිදිව සිටියා. මේ භික්ෂුවගේ දෙමාපියන්ට වෙනත් දරුවන් සිටියේ නෑ. කලක් යාමේදී මේ දෙමාපියෝ රැකී රක්ෂාවක් කරගන්ට නොහැකිව අසරණ වුණා. මේ භික්ෂුව ධර්මයේ හැසිරෙන්ටත්, උතුම් බඹසරටත්, වත්පිළිවෙත් කරන්ටත් ආසයි. ඉතින් ඒ නිසා සිවුරු හැර මව්පියන්ට සලකන්ට කැමති වුණේ නෑ. තමන්ට හැකි අයුරින් මව්පියන්ට සලකන්ට අදහස් කළා.

එතකොට මේ භික්ෂුව දිනපතා දානය පිඬුසිඟාගෙන කෙළින් ම මව්පියන්ගේ ගෙදරට යනවා. තමන් ලත් දෙයින් කොටසක් මව්පියන්ට දෙනවා. තමන්ට හැකි අයුරින් මව්පියන්ව පෝෂණය කරමින් පැවිදි දම් පුරණ මේ භික්ෂුව ගැන ඇතැම් භික්ෂූන් දුටුවේ වැරදි

විදිහට යි. ඒ භික්ෂූන් භාග්‍යවතුන් වහන්සේ වෙත ගිහින් අර භික්ෂුව ගිහියන් පෝෂණය කරනවා ය කියා පැමිණිලි කළා. එතකොට භාග්‍යවතුන් වහන්සේ අර භික්ෂුව කැඳවා මෙසේ අසා වදාළා.

"හැබෑද භික්ෂුව, ඔබ ගිහියන්ව පෝෂණය කරනවා ද?"

"එහෙමයි ස්වාමීනී."

"කවුද ඔබ පෝෂණය කරන ඒ ගිහියෝ?"

"ස්වාමීනී, ඒ මගේ දෙමාපියෝ."

"සාධු... සාධු... භික්ෂුව. බොහෝම හොඳයි. කාත් කවුරුත් නැති මව්පියන් පෝෂණය කිරීම උතුම් දෙයක්. භික්ෂුව, ඔබ ඔය කරන්නේ පුරාණ පණ්ඩිතවරුන්ගේ වංශ පරම්පරාව කළ දෙයක්. පුරාණ පණ්ඩිතවරු තිරිසන් යෝනියේ ඉපිද සිටි අවස්ථාවේ පවා මව්පියන් උදෙසා දිවි දුන්නා" කියා මේ අතීත කතාව ගෙනහැර දක්වා වදාළා.

"මහණෙනි, ගොඩාක් ඉස්සර කාලෙක බරණැස්පුරේ බ්‍රහ්මදත්ත නමින් රජ්ජුරු කෙනෙක් රාජ්‍ය විචාරමින් සිටියා. ඔය කාලේ මහා බෝධිසත්වයෝ මුව යෝනියේ ඉපදිලා නන්දියමිග නමින් ප්‍රසිද්ධව සිටියා. මේ මුවා ඉතාම සීල සම්පන්නව සිටිමින් තමන්ගේ මව්පියන්ව පෝෂණය කළා. ඒ කාලේ කොසොල් රජ්ජුරුවෝ මුව දඩයමට අධික ආසාවෙන් සිටියා. ඉතින් ඔහු මිනිසුන්ට ගොයිතැන් කටයුතු කිසිවක් කරන්ට නොදී මහා පිරිවර ඇතිව දිනපතා ම මුව දඩයමේ යනවා.

දවසක් මිනිස්සු එක් රැස් වෙලා මෙහෙම කතා වුණා. "මිත්‍රවරුනි, අපේ මේ රජ්ජුරුවෝ වෙනත් වැඩක් අපට කරන්ට දෙන්නෑ. අපගේ ගේ දොර කටයුතු හැමදෙයක් ම කඩාකප්පල් වුණා. ඒකට අපි මෙහෙම කරමු. අඳුන් වන උයන වට කරලා වැටක් ගහමු. එක දොරක් විතරක් තබමු. ඒ වනය ඇතුළේ පැන් පොකුණු කරලා තණ කොරටු හදලා ඊට පස්සේ දඬුමුගුරු අතට ගෙන වනේට ගොහින් පඳුරුවලට පහර දීලා ගව රැලක් වගේ මුව පිරිස දක්කාගෙන ඇවිත් අඳුන් වන උයනට ඇතුල් වුණාට පස්සේ දොරටු වසමු. ඊට පස්සේ රජ්ජුරුවන්ට ඒ අඳුන් වන උයනේ ඉන්න මුවන්ව දඩයම් කරගන්ට කියමු."

"හා... බොහෝම අගේ ඇති වැඩක් ඒක" කියලා මිනිස්සු හැමෝම ඒ අදහසට කැමති වුණා.

ඉතින් මිනිස්සු හැමෝම කතා කරගත් පරිදි අඳුන්වන උයන වටා වනාන්තරේ මැදි කොට හාත්පස යොදුනක් වෙන්ට වට කළා. ඔය අවස්ථාවේ නන්දිය මුවා තමන්ගේ මාපියන් එක්ක කුඩා පඳුරක් යට හාන්සි වෙලා සිටියේ. මිනිස්සු නොයෙක් අවිආයුධ අතට ගෙන අර පඳුරත් වට කළා. ඇතැම් කෙනෙක් මුවෝ සොයන්ට ඒ වන පඳුරටත් ආවා. එතකොට නන්දිය මුවා මව්පියන්ට වන්දනා කොට මෙහෙම කිව්වා. "අම්මා, අප්පච්චි... මේ මිනිස්සු අපි ඉන්න පඳුර වට කරලා තියෙන්නේ. ඔයාලා කලබල නොවී ඔහෝම ඉන්ට. මිනිස්සු පඳුරුවලට පහර දෙනකොට ම මං එළියට පනින්නං. එතකොට මේකේ ඉන්නේ එක මුවයි කියා ඔවුන් පඳුර ඇතුළට පනින එකක් නෑ" කියලා මිනිස්සු පඳුර වටකොට කෑ ගසමින් තණ පඳුරුවලට පහර දෙනකොට ම නන්දිය මුවා එළියට

පැන්නා. එතකොට මිනිස්සුත් හිතුවේ ඒ මුවා විතරක් ඒ පඳුරේ ඉන්ට ඇත කියලයි. ඒ පඳුරට ගැසීම එතැනින් ම නැවතුනා. නන්දිය මුවාගේ මව්පියෝ වැට ඇතුළට කොටු වුණේ නෑ. නන්දිය මුවා ගිහින් මුව පිරිසට එකතු වුණා. මිනිස්සු ඔක්කෝම මුවන්ව අඳුන් වන උයනට ඇතුළු කරවා දොරකුත් සව් කළා. රජ්ජුරුවන්ට දැනුම් දුන්නා. තම තමන්ගේ වැඩ කටයුතුවලට ගියා.

එදා පටන් රජ්ජුරුවෝ මුව දඩයමට තනියම එනවා. එක් මුවෙක් විතරක් මරනවා. ඊට පස්සේ ඒ මැරූ මුවාව ගේන්ට කියනවා. එතකොට මුවෝත් කතා බස් වෙලා තම තමන්ගේ වාර හදාගත්තා. තමන්ගේ වාරය ආ විට ඒ මුවා විතරක් ගිහින් පැත්තකින් ඉන්නවා. රජ්ජුරුවෝ ඇවිත් ඒ මුවාව විදලා මරනවා.

නන්දිය මුවා පොකුණේ පැන් බොනවා. තණ කනවා. නමුත් තවමත් ඔහුගේ වාරය ආවේ නෑ. බොහෝ දවසකට පස්සේ නන්දියගේ මාපියන්ට තම පුත්‍ර මුවාව මතක් වුණා. 'හනේ... අපේ පුතා නන්දිය, මුව රාජයෙක් නොවැ. මහා ශක්තිසම්පන්න, ජවසම්පන්න අයෙක් නොවැ. අනේ අපේ පුතා ජීවතුන් අතර ඉන්නවා නම් වැට පැනලා හරි අපිව බලන්ට ඒවි. පුතාට පණිවිඩයක්වත් යවන්ට ඕනෑ' කියා සිතා පාර අයිනේ සිටගෙන සිටියා. එතකොට පාරේ බ්‍රාහ්මණයෙක් යනවා දැකලා මිනිස් භාෂාවෙන් මෙහෙම ඇහුවා.

"පින්වත, ඔයා යන්නේ කොයිබද?"

"ඇයි... මං සාකේතයට යනවා."

"අනේ එහෙනං, අපේ පුතාට පණිවිඩයක් ඇන්න යන්ට පුළුවනි ද?" කියා මේ ගාථාව පැවසුවා.

(1)

අනේ පින්වත් බමුණ ඔයා -
ඉදින් සාකේතයේ අඳුන් වනයට යනවා නම්
නන්දිය මුවා නමැති අපේ එකම ඖරස පුත්‍රයාට -
මෙකරුණ කියනවා දෝ
ඔයාගේ මාපියෝ දැන් වයසයි -
ඔයාව බලන්ට ආසාවෙන් ඉන්නෙ කියනවා දෝ

එතකොට බමුණාත් මුවන්ගේ පණිවිඩය ගෙනියන්ට කැමති වුණා. සාකේතයට ගිහින් පසුවදා ම අඳුන් වන උයනට ගියා. "නන්දිය මුවා කියන්නේ කවුදෝ" කියා කෑ ගසා ඇසුවා. නන්දිය ඇවිත් බ්‍රාහ්මණයා ළඟ සිටගෙන "ඇයි? මම යි නන්දිය" කියලා කිව්වා.

"නන්දිය... මට ඔයාගේ මාපියෝ පාර අයිනේදී මුණ ගැසුණා. එයාලා කාලෙකින් ඔයාව දැක්කේ නැත, දකින්ට ආසාවෙන් ඉන්නවා ය කියලා කිව්වා."

"බ්‍රාහ්මණය, මට මේ වැට පැනලා මාපියන් දකින්ට යන්ට පුළුවනි. නමුත් මං යන්නෑ. මං මෙහෙ රජ්ජුරුවෝ සන්තක තණකොළ කාලා, වතුර බීලා ඉන්නේ. මං මෙතැනට ණයයි දැන්. ඇරත් කාලයක් තිස්සේ අනිත් මුව පිරිස මැද්දේ ඉන්නේ. ඒ නිසා මං රජ්ජුරුවන්ට කියලා මෙයාලටත් යහපතක් කරලා තමන්ගේ බලය නොපෙන්වා නිකාම්ම යන එක හරි මදි. මං මාගේ වාරය ආ දවසට මෙයාලාටත් සෙතක් කරලා ම සැපසේ එන්නම් හොඳේ" කියා මේ ගාථාවන් පැවසුවා.

(2)

බමුණෙනි, මේ අහන්ට - මුවන්ගේ කැමට කියලා
නිරිඳාණන් වපුරන ලද -
තණකොළ හා මේ පොකුණේ පැන්
මං කලක් තිස්සෙ කැව බිව්ව නේ
නිරිඳුන් සතු ඒ බොජුන් -
නිකං කන්ට බොන්ට මං උත්සහ නොකරමි

(3). දුනු හී ගෙන රජු ආ විට - මට විදින්ට කියා
මං මේ සිරුරේ පැත්ත පෙන්නලා දෙමී
එතකොට මං මරණයෙන් මිදී සුවපත් වූ විට
මාපියන්ව බලන්ට එන්නම්

බ්‍රාහ්මණයා මෙය අසා පිටත්ව ගියා. ටික දවසකින් නන්දිය මුවාගේ වාරය ආ දවසේ රජ්ජුරුවෝ මහත් පිරිවරින් උයනට ආවා. බෝධිසත්වයෝ ගිහින් පැත්තකින් සිටගත්තා. රජ්ජුරුවෝ මුවාට විදින්ට ඊතලය දුන්නට දාලා විදින්ට සූදානම් වුණා. වෙනදාට අනිත් සෑම මුවෙක් ම මරණ භයින් තැතිගෙන එහාට මෙහාට දුවනවා. නමුත් බෝධිසත්වයෝ කිසිදු භයක් තැතිගැනීමක් නැතිව රජ්ජුරුවෝ දෙස ඇස් පිය නොහෙළා බලා සිට නොසෙල්වී මෙත් සිත පැතිරුවා. මුවරාජයාගේ මෙත් සිතේ ආනුභාවයෙන් රජ්ජුරුවන්ට ඊතලය විදින්ට බැරිව ගියා.

එතකොට නන්දිය මුවා රජ්ජුරුවන්ගෙන් මෙහෙම ඇසුවා. "ඇයි... මහරජ, ඊ තලය විසිවෙන්නේ නැද්ද? හොඳට හයියෙන් ඇදලා ගස්සන්ට."

"අනේ මුව රජෝ... මට විදගන්ට බැහැ නොවැ."

"එහෙනම් මහරජ, ගුණවන්තයන්ගේ ගුණ දැනගන්ට." එතකොට රජ්ජුරුවෝ දූනු ඊතල බිම දැම්මා. මුවාට ආදරෙන් මෙහෙම කිව්වා. "අනේ මගෙ මුව රජෝ... මේ හිත්පිත් නැති ඊ දණ්ඩට ඔයාගේ ගුණය තේරුණා. එහෙත් සිතන්ට ඇහැක් මට ඔයාගේ ගුණ තේරුම් ගන්ට බැරි වුණා. මට සමාවෙයන්. මං ඔයාට ජීවිතය දෙනවා."

"ඇයි මහරජ, මට විතරක් ජීවිතය දෙන්නේ?" මේ අඳුන් වන උයනේ ඉන්න අනිත් මුවන්ට මොකද කරන්නේ?"

"හරි... හරි... මයෙ රජෝ... මං එයාලටත් ජීවිතය දෙනවා."

"එතකොට මහරජ, මේ වනයේ ඉන්න අපිට විතර ද මරණ භය දැනෙන්නේ? මේ අපි මුවෝ විතර ද ජීවත් වෙන්ට ආසා? ඇයි අනිත් සත්තු?" මේ විදිහට නන්දිය මුවා අහසේ ඉන්න කුරුල්ලන්ටත් ගඟේ ඉන්න මාළුන්ටත් සියලු සත්වයන්ට අභය දානය දීලා රජ්ජුරුවන්ව පංච ශීලයේ පිහිටෙව්වා. "මහරජ, රජෙක් වුණාම ඡන්ද - ද්වේෂ - භය - මෝහ යන සතර අගතියෙන් තොරව තීරණ ගන්ට ඕනෑ. මේ රාජ ධර්මයන් දහය නැති නොකොට පවත්වන්ට ඕනෑ" කියා දසරාජ ධර්මයන් ගැනත් කියා දුන්නා.

"දානෙ දෙන්ට ඕනෑ, සිල් රකින්ට ඕනෑ, පරිත්‍යාගයත් ඕනෑ, ඒ වගේම ඍජු තීරණ ගන්ටත් ඕනෑ. මොළොක් හිතක් තියෙන්ට ඕනෑ. ධර්මය තුළ ඉන්ටත් ඕනෑ. ක්‍රෝධ නැතිව ඉන්ටත් ඕනෑ. හිංසාවෙන් තොර වෙන්ටත් ඕනෑ. ඉවසීමත් ඕනෑ. විරුද්ධ නැති බවත් ඕනෑ.

මේ දස රාජධර්මයන් ඔබ තුළ දකින්ට ලැබෙනා විට, අනේ මේවා මා තුළ තියෙනවා නේද කියා ප්‍රීති සොම්නසක් තමා තුළ හටගන්නවා ඇති."

නන්දිය මුව රාජයා ටික දවසක් රජ්ජුරුවෝ ළඟ වාසය කළා. නන්දිය මුවාගේ අනුශාසනා මත නගරය පුරා රන් බෙරය ගස්සවා සියලු සතුන්ට අභය දානය දුන්නා. "දැන් ඉතින් මහරජ, නොපමාවෙන් ඔය ප්‍රතිපත්ති පුරන්ට ඕනෑ" කියා අවවාද කොට මව්පියන්ව බලන්ට ගියා."

මෙය වදාළ භාග්‍යවතුන් වහන්සේ මේ ගාථාවන් වදාළා.

(4)

කොසොල් නිරිඳුන්ගේ මාළිගාවට ඈත නෑ -
ඒ අඳුන්වන උයනේ
නන්දිය මුව රජා නමින් -
හරි ලස්සන සිව්පාවෙක් වෙලා උන්න මං

(5). ඒ අඳුන් වනේ තමයි -
වනේ හිටිය මුවන්ව කොටු කරලා තිබුනේ
දුනු ඊතල ඔසොවාගෙන කෝසල නිරිඳා
විද මරන්ට මාව එදා - මා ඉදිරියට යි ආවේ

(6)

ඊය ඔසොවාගෙන සිටි නිරිඳුන්ට -
මං මාගේ සිරුර පෙන්නුවා
මහරජුනේ හැකි නම් හයියෙන් ගස්සා විදින්ට කිව්වා
එදා මිදී මං මරණෙන් සුවපත් වී -
මැණියන්ව බලන්ට ආවා"

මෙය වදාළ භාග්‍යවතුන් වහන්සේ සසරේ ඇති දුක්ඛිත ස්වභාවය පෙන්වමින් චතුරාර්ය සත්‍ය ධර්මය වදාළා. ඒ ධර්ම දේශනාව අවසානයේ මව්පිය උපස්ථානයේ යෙදී සිටි භික්ෂුව සෝවාන් ඵලයට පත් වුණා. "එදා නන්දිය මුවාගේ මව්පියෝ වෙලා සිටියේ මෙදා තථාගතයන්ගේ මව්පිය මහාරජ කුලය යි. බ්‍රාහ්මණයා වෙලා සිටියේ අපගේ සාරිපුත්තයෝ. රජ්ජුරුවෝ වෙලා සිටියේ අපගේ ආනන්දයෝ. නන්දිය මුවරාජයාව සිටියේ මම" යි කියා භාග්‍යවතුන් වහන්සේ මේ ජාතකය නිමවා වදාළා.

පළමුවෙනි අවාරිය වර්ගය යි.

පූජ්‍ය කිරිබත්ගොඩ ඥාණානන්ද ස්වාමීන් වහන්සේ විසින් රචිත සියලු සදහම් ග්‍රන්ථ, සරල සිංහලට පරිවර්තනය කරන ලද ත්‍රිපිටක පොත් වහන්සේලා, කොටස් වශයෙන් පළවන ජාතක පොත් වහන්සේ, ධර්ම දේශනා ඇතුලත් ග්‍රන්ථ සහ සංයුක්ත තැටි මිලදී ගැනීම සහ තැපැල් මගින් නිවසට ම ගෙන්වා ගැනීම පිළිබඳ සියලු විමසීම් - 076 8255 703

පූජ්‍ය කිරිබත්ගොඩ ඥාණානන්ද ස්වාමීන් වහන්සේ විසින් රචිත සියලුම සදහම් ග්‍රන්ථ සහ ධර්ම දේශනා ලබාගැනීමට

ත්‍රිපිටක සදහම් පොත් මැදුර

අංක 70/A/7/OB, YMBA ගොඩනැගිල්ල, බොරැල්ල, කොළඹ 08
දුර : 077 47 47 161 / 011 425 59 87
ඊ-මේල් : thripitakasadahambooks@gmail.com

www.ingramcontent.com/pod-product-compliance
Lightning Source LLC
Chambersburg PA
CBHW070540030426
42337CB00016B/2289